本书由首都经济贸易大学马克思主义学院“马克思主义理论教学与研究文库”项目资助出版

列宁后期政治哲学思想研究

武潇斐　著

Liening Houqi Zhengzhi Zhexue Sixiang Yanjiu

中国社会科学出版社

图书在版编目（CIP）数据

列宁后期政治哲学思想研究 / 武潇斐著. --北京：中国社会科学出版社，2024.12

ISBN 978-7-5227-2723-3

Ⅰ.①列… Ⅱ.①武… Ⅲ.①列宁（Lenin, Vladimir Ilich 1870-1924）—政治哲学—哲学思想—研究 Ⅳ.①A821.64

中国国家版本馆 CIP 数据核字（2023）第 206285 号

出 版 人 赵剑英
责任编辑 田 文
责任校对 刘 坤
责任印制 张雪娇

出　　版 中国社会科学出版社
社　　址 北京鼓楼西大街甲 158 号
邮　　编 100720
网　　址 http://www.csspw.cn
发 行 部 010-84083685
门 市 部 010-84029450
经　　销 新华书店及其他书店

印　　刷 北京君升印刷有限公司
装　　订 廊坊市广阳区广增装订厂
版　　次 2024 年 12 月第 1 版
印　　次 2024 年 12 月第 1 次印刷

开　　本 710×1000 1/16
印　　张 12.75
插　　页 2
字　　数 181 千字
定　　价 78.00 元

凡购买中国社会科学出版社图书，如有质量问题请与本社营销中心联系调换
电话：010-84083683

前　言

在政治哲学这片沃土之上，马克思无疑占有不可撼动的一方天地。那么，同为马克思主义经典作家的列宁呢？在列宁那里，是否存在一种政治哲学，如果有，它围绕什么主题、提出什么概念、包含什么命题、具有什么特点、留下什么启示；在马克思主义政治哲学那里，是否存在列宁政治哲学的一席之地，如果有，它扮演什么角色、处于什么位置、产生什么影响、作出什么贡献；在政治哲学那里，是否存在列宁的踪迹，如果有，它发出什么声音、道出什么真谛、弥补什么空缺、开辟什么境界。本书试图从列宁后期政治哲学视角切入，对这些问题进行相对系统的探索性思考。

何为“列宁后期”？“列宁后期”是相对于“列宁早期”与“列宁中期”而言的。列宁出生于1870年，逝世于1924年，享年54岁。综观其一生，大致可以分为三个时期：1870—1887年，即列宁出生之后到参与革命活动之前，是其生命的早期。此间17年是列宁性格、信仰与学识的养成期，为一生志业奠定了基础、打下了底色。1887—1917年，即列宁参与革命活动之后至十月社会主义革命成功之时，是其生命的中期。此间30年是列宁研究革命问题、宣传革命思想、组织革命行动的储备期与爆发期，为一生志业绘制了活动主题、增添了主体内容。正因此，列宁被称为“天生的革命家”。1917—1924年，即十月革命之后到列宁逝世之前，是其生命的后期。此间7年是列宁探索社会主义建设时期。“如何进行社会主义建设”对列宁而言，是一个拓荒性、探索性的命题，所能凭赖的只是马克思、恩格斯的理论推论与原则设想。这一时期虽短，但在列宁一生中起到画龙点睛的作用。如果没有这一时期，列宁或许只能被称为“革命家”；因为这一时期的存在，“政治家”的称号似乎更为精确。

何为“政治哲学”？关于这个元问题，古今中外的思想家各持己见、莫衷一是。施特劳斯是西方知识界着力回答这一问题的先行者，他提出“政治哲学是用关于政治事物本性的知识取代关于政治事物本性的意见的尝试”，其宗旨在于从本性上去了解政治事物，以便建立起良好的或正当的政治秩序。[①] 戴维·米勒认为，所谓“政治哲学”，就是对好坏政府的研究，包括它们的性质、起因和结果等内容。[②] 韩水法是中国知识界着力回答这一问题的先行者，他提出，政治哲学的探讨对象是政治的规范、价值、观念以及方法，具体包括基础、概念、构成等内容。[③] 之后，韩水法在补充定义中强调，其定义仅仅提供政治哲学的主要命题、核心内容以及中心关切，没有穷尽同时也不可能穷尽政治哲学的所有规定以及全部内容。[④] 甘阳、刘小枫认为，政治哲学从根本上集中地表现了政治共同体对于自身的认识和反思，它通常兴起于政治社会中存在的重大意见争论，这种重大意见争论又往往关乎政治共同体的根据，例如：基本信念、基本价值、基本制度、基本生活方式等。[⑤] 姚大志则认为，政治哲学是一种实践哲学，其关注的独特问题有三个：政治价值、政治制度与政治理想，其核心问题是政治制度所涉及的国家理论，其论证的鲜明特征有三个：深层的、理性的与道德的。[⑥] 王新生认为，政治哲学具有开放性特征，任何试图通过下定义的方式对什么是政治哲学进行说明的做法都是太轻

---

① ［美］施特劳斯：《什么是政治哲学》，李世祥等译，华夏出版社 2014 年版，第 2—3 页。

② ［美］戴维·米勒：《政治哲学与幸福根基》，李里峰译，译林出版社 2008 年版，第 2 页。

③ 韩水法：《政治哲学在中国》，《读书》2000 年第 9 期。

④ 韩水法：《什么是政治哲学》，《中共中央党校学报》2009 年第 1 期。

⑤ 甘阳、刘小枫：《政治哲学的兴起》，《南方周末》2006 年 1 月 13 日第 D30 版。

⑥ 姚大志：《什么是政治哲学》，《光明日报》2013 年 9 月 24 日第 11 版。

率、不明智的，但可以通过考察其研究对象（政治生活）、学科定位（规范性问题研究）、与“第一哲学”的关系（作为第一哲学）等问题加深对何为政治哲学的理解。[①] 笔者认为，“政治哲学”概念可从两个层面进行理解：一是以哲学的方式去观察与思考政治现象；二是以政治的方式去思考与解决哲学问题。

综上所述，本研究的问题视阈、时间范围是大致确定的，但基本概念尚待进一步明晰。事实上，本书不能亦无意提出一个关于政治哲学乃至列宁政治哲学的整全概念，也不希求对列宁后期政治哲学作出毫无遗漏的全面总结与毫无争议的平淡概括，仅欲就列宁后期政治哲学思想中的几个具有现实性、启发性乃至趣味性的问题，以核心概念为提领、以重要命题为支撑进行尝试性探索，以期构划与呈现列宁后期政治哲学的思想图景，以期深化与丰富对于政治哲学、马克思主义政治哲学、列宁政治哲学的理解认识。总而言之，列宁后期政治哲学思想作为生长在俄国大地上的以社会主义建设为主体内容的智慧结晶，尽管在枝繁叶茂的过程中被嫁接、被折断，但其花果仍然可以通过思想探索与理论反思而永久地存活在马克思主义政治哲学乃至政治哲学这片沃土之上。

① 王新生：《什么是政治哲学？》，《哲学研究》2014 年第 6 期。

目　录

绪　论

一　研究缘起

将“列宁后期思想”作为研究对象并不算新颖，但以“政治哲学”角度切入较为少见。那么，为何选择“列宁后期政治哲学思想”作为研究主题呢？原因主要有以下四个方面。

（一）列宁后期政治哲学具有研究价值

列宁在生命后期面临两大转折。一是十月革命的胜利，这标志着共产主义理想获得了付诸实践的机会与空间。那么，如何抓住奋斗三十年才获取的机会，如何全力拓展共产主义生存与发展的空间，让苏俄的“日月”换个“新天”呢？这成为十月革命胜利初期列宁苦心孤诣、大胆尝试的主题。二是喀琅施塔得事件的爆发，这表明共产主义理想在付诸实践过程中遭遇困难与挫折。那么，如何应对共产主义理想与苏俄现实之间的巨大鸿沟，如何按照共产主义理想进行社会革命与自我革命，让苏俄的“日月”趋近“新天”呢？这成为新经济政策时期列宁上下求索、渐进改革的主题。可以说，“两大转折”作为导火线，点燃了列宁生命后期的哲学再思索与政治新实践，也成为今天研究列宁政治哲学思想的出发点与着力点。总而言之，将“列宁后期政治哲学思想”作为研究对象，首先是源于列宁后期政治哲学思想本身具有丰富内涵、理论价值与现实意义，值得进一步开掘与研究。

（二）列宁后期政治哲学具有研究必要

从广义上来讲，列宁后期政治哲学思想是马克思主义政治哲学思想体系中不能分割与不容忽视的重要组成部分，或者说，它本身是从属于马克思主义政治哲学理论体系的。同时，作为对20世纪中国产生重要影响的思想理论，列宁后期政治哲学思想也是现当代中国政治哲学思想的重要理论来源。但自20世纪80年代末政治哲学研究在中国复兴、21世纪初马克思主义政治哲学研究在中国勃兴以来，列宁政治哲学虽然未曾被忽视、被遗忘，但它大多数时候是作为马克思主义政治哲学构成部分的样貌出现在史学类、综合类书目中，少以独立的样貌出现在专门的研究著述中。简言之，列宁政治哲学陷入了中国政治哲学、马克思主义政治哲学两大领域的研究凹地。更为遗憾的是，在现有的为数不多的列宁政治哲学研究中，对列宁后期政治哲学思想的研究少之又少、以其作为专门研究对象的成果暂未出现。由此可见，列宁后期政治哲学思想本身虽具有重要研究价值，但研究现状不容乐观，亟须对其进行填补性研究。本书将此作为研究目的并不意味着能够胜任这一填补任务，只是尽可能地对其作出尝试性的探索。

（三）列宁后期政治哲学对中国具有特殊意义

马克思、恩格斯、列宁、毛泽东、邓小平作为对20世纪中国产生决定性影响的五位伟人，其思想具有承先启后的接力棒性质，可以说，列宁不仅是马克思主义从理论到实践的桥梁，同时也是马克思主义从创始人马克思、恩格斯到继承人毛泽东、邓小平的桥梁。不关注列宁、不了解列宁、不研究列宁，就无法真正理解20世纪中国的选择、走向与历史，也无法真正理解毛泽东思想、邓小平理论的实质、精华与突破。此外，列宁作为社会主义建设第一人、社会主义改革第一人，其社会主义建设与社会主义改革思想主要集中在生命后期，并且主要凝结在政治哲学思想之中。所以，列宁后期政治哲学思想不仅是中国改革开放的理论源头，也是中国特色社会主义新时代全面深化改革的思想资源。列宁后期政治哲学思想为推进新时代全面深化改革留下了经验与教训，新时代全面深化改革为研究列宁后期政治哲学思想提供了动力与视角。总而言之，列宁后期政治哲学思想对中国的特殊意义在于，它不仅是理解20世纪中国的理论钥匙，而且是开创21世纪中国的思想板斧。

（四）列宁后期政治哲学对笔者具有特别意义

政治哲学的核心议题之一是政治与哲学的关系，同时，政治与哲学的关系也是列宁后期政治哲学思想的重要议题之一。笔者曾以《政治与哲学的相互关系——苏联命运的启示》为题，对苏联政治与哲学的关系进行了较为系统的梳理与考察，并以此作为毕业论文获得硕士学位。在该文中，笔者将苏联哲学与政治的关系演变历史划分为三个阶段，即列宁时代（苏联哲学上升为国家意识形态）、斯大林时代（苏联哲学沦为政治论证工具）与后斯大林时代（苏联哲学殒命于亡党亡国）。在这三个阶段中，唯有列宁时期的哲学没有被政治化。囿于能力与时间，笔者未能对列宁时期政治与哲学的关系展开深入而详尽的研究，成为悬置在心的未竟之事。将“列宁后期政治哲学思想”作为研究对象，在某种程度上算是了却一桩心愿。从这个意义上来说，对列宁后期政治哲学思想的研究是笔者硕士阶段研究的继续，是思想爬向纵深处的一次探索旅程。

二　研究现状

政治哲学研究的整体图景可以用“兴盛”二字形容，具体表现在：就世界范围而言，政治哲学研究得以复兴；就中国情况来说，马克思主义政治哲学研究正在勃兴。与此同时，列宁政治哲学作为马克思主义政治哲学的重要组成部分，尚未得到充分的挖掘与研究。

（一）政治哲学在西方与中国的复兴

1971 年，美国著名政治学家罗尔斯出版《正义论》一书，激活了西方世界长期处于沉寂状态的政治哲学，使之在世界范围内得到复兴。因此，《正义论》的出版被学界普遍视为政治哲学在当代复兴的标志。

政治哲学在中国的复兴要追溯到 20 世纪 80 年代末。之所以称为“复兴”，是因为中国知识界对政治哲学的关注与研究并非近二三十年之事。早在新文化运动前后，“政治哲学”这一概念及其相关著述便在中西文化的碰撞交流中被译介到国内，成为先进知识分子的关注话题与研究对象。标志性事件是 1919 年初美国著名哲学家、教育家杜威应北京大学、尚志学会与江苏教育学会之邀访华演讲。在长达两年零两个月之久的讲学、游历中，杜威 16 次演讲《社会哲学与政治哲学》（与教育哲学演讲次数并列位于五大演讲之首），其讲稿由《晨报》《新中国》《北京大学日刊》《教育界（上海）》《教育公报》等多家影响力极大的报纸登载，并由胡适等编译、结集、出版，该书在杜威离开中国之前共印行 13 版，每版均在万册以上。① 且不言其演讲内容，单是“政治哲学”这一概念便在中国传播开来。此后，越来越多的知识分子将“政治哲学”作为自己的研究主题，由此激发了中国知识界研究政治哲学的第一个热潮（如表 1 所示）。这次研究热潮的特点在于：一是比较关注中国传统政治哲学研究，尤其是先秦政治哲学研究；二是较为注重西方政治哲学思想总论与史学译介，尤其是最新研究动态与趋向；三是对马克思主义政治哲学关注较少，而且评价不同、褒贬不一。新中国成立之后，由于众所周知的原因，政治哲学在很长一段时间内淡出了理论视野。

---

① 元青：《杜威的中国之行及其影响》，《近代史研究》2001 年第 2 期。

表 1　　民国时期政治哲学研究成果选介

题名	作者	出处	时间
老子的政治哲学	高一涵	《新青年》	1919 年第 6 卷第 5 期
墨子的政治哲学	陈顾远	《北京大学日刊》	1920 年第 611 期
孟子的政治哲学	陈顾远	《北京大学日刊》	1920 年第 700 期
柏拉图之政治哲学	陈茹玄	《政学丛刊》	1921 年第 2 卷第 1 期
儒家哲学及其政治思想	梁启超	《晨报副刊》	1922 年连载 4 篇
政治哲学导言	A. E. Lowell 著，范用余译	商务印书馆	1924 年
近百年欧洲政治哲学概述	范用余	《东方杂志》	1925 年第 22 卷第 23 期
先秦政治思想史：一名中国圣哲之人生观及其政治哲学	梁启超	商务印书馆	1925 年
浩布士与荀子政治哲学之比较（读书录）	云钺	《清华周刊》	1926 年第 26 卷第 7 期
谈谈老子政治哲学	黎兆璜	《广汉县旅省学会季刊》	1928 年第 8—9 期
法家的政治哲学与此后的政治家	邵元冲	《建国（广州）》	1928 年第 4 期
演讲：欧美政治哲学新趋势	张君劢，蔡根深	《大夏周刊》	1928 年第 57 期
先秦诸子的政治哲学	戴葆鎏	《沪江大学月刊》	1928 年第 17 卷第 13 期
当代政治哲学之趋势	立斋	《新路半月刊》	1928 年第 1 卷第 8 期
政治哲学	［日］五来欣造著，郑肖厓译	华通书局	1929 年
现代政治哲学引论	［英］C. E. M. Joad 著，詹文浒译	中山书局	1929 年

续表

题名	作者	出处	时间
三民主义的政治哲学观	应德田	《东北大学周刊》	1930 年第 101 期
中国政治哲学之优越性	杨天竞	《村治月刊》	1930 年第 1 卷第 12 期
伦理的政治哲学	韦罗贝 梁朝威	《建国月刊（上海）》	1931 年第 5 卷第 2 期
泰戈尔的政治哲学	Sinha，S.，徐咏平	《汗血周刊》	1934 年第 3 卷第 23 期
德国国社党的政治哲学：希特勒奋斗史	赵演	《前途》	1934 年第 2 卷第 3 期
董仲舒之政治哲学	朱显庄	《清华周刊》	1934 年第 41 卷第 2 期
儒家的政治哲学	杨玉清	《中山文化教育馆季刊》	1935 年第 2 卷第 1 期
中国政治哲学论纲	乔诚	《明耻》	1935 年第 2 卷第 1 期
意大利的政治哲学	于斌	《新北辰》	1936 年第 2 卷第 7 期
一名中国圣哲之人生观及其政治哲学	梁启超	中华书局	1936 年
中国政治哲学与中国历史中之实际政治	冯友兰	《清华学报》	1937 年第 12 卷第 1 期
马克斯主义政治哲学评释	孟云桥	《中国青年（重庆）》	1942 年第 7 卷第 1 期
总理总裁的政治哲学之探讨	韩梅岑	《三民主义半月刊》	1943 年第 2 卷第 6 期
抢救民族危机的政治哲学	吕一峰	《大公》	1945 年第 3 期
苏联的政治哲学	心钟	《青年生活（上海）》	1946 年第 6/7 期
王阳明的政治哲学	马槐隆	《三民主义半月刊》	1947 年第 11 卷第 2 期
苏联的科学与政治哲学	Sax，K.，陈岳生	《东方杂志》	1948 年第 44 卷第 1 期

直到20世纪80年代末，由于哲学自身发展的需要、市场经济运行的需要、现实政治变革的需要，沉寂三十多年的政治哲学伴随着改革开放的春风在我国开始复兴并逐渐成为显学。复兴之后的政治哲学研究视野更广阔、对象更多元、内容更深入、水平更专业。主要存在以下特点。

首先，对西方政治哲学思想尤其是现当代政治哲学思想的导入与研究热度有增无减，广泛研究的基础上呈现集中化倾向，即对施特劳斯、罗尔斯、诺齐克、哈耶克、德沃金、哈贝马斯、威廉姆斯等颇为关注（如表2所示）。

表2　　20世纪90年代以来西方政治哲学思想著作选介

题名	作者	出处	年份
自由主义政治哲学——哈耶克的政治思想	[美] 霍伊（Hoy, Calvin M.）著；刘锋译	北京：生活·读书·新知三联书店	1992
政治哲学史	[美] 列奥·施特劳斯、约瑟夫·克罗波西主编；李天然等译	石家庄：河北人民出版社	1998
权力与正义——康德政治哲学研究	李梅著	北京：社会科学文献出版社	2000
自由主义批判与自由理论的重建——黑格尔政治哲学及其影响	郁建兴著	上海：学林出版社	2000
权利政治与公益政治：当代西方政治哲学评析	俞可平著	北京：社会科学文献出版社	2000
霍布斯的政治哲学	[美] 列奥·施特劳斯（Leo Strauss）著；申彤译	南京：译林出版社	2001
当代西方政治哲学主流	李小兵著	北京：中共中央党校出版社	2001

续表

题名	作者	出处	年份
施特劳斯与古典政治哲学	刘小枫主编；张新樟等译	上海：上海三联书店	2002
伊壁鸠鲁主义的政治哲学	［意］詹姆斯·尼古拉斯（James H. Nichols Jr.）著；溥林译	北京：华夏出版社	2004
对话中的政治哲学	李鹏程等主编	北京：人民出版社	2004
休谟的政治哲学	高全喜著	北京：北京大学出版社	2004
知识与权力——走向科学的政治哲学	［美］约瑟夫·劳斯（Joseph Rouse）著；盛晓明等译	北京：北京大学出版社	2004
普遍主义的贫困——自由主义政治哲学批判	马德普著	北京：人民出版社	2005
罗尔斯政治哲学	龚群著	北京：商务印书馆	2006
逻辑在先的个人权利——诺齐克的政治哲学	文长春著	北京：中央编译出版社	2006
理性生活方式的重建——哈贝马斯政治哲学研究	张向东著	北京：中国社会科学出版社	2007
何谓正义：当代西方政治哲学研究	姚大志著	北京：人民出版社	2007
多元时代的“正义方舟”——罗尔斯后期政治哲学思想研究	曹瑞涛著	杭州：浙江大学出版社	2008
德沃金政治哲学研究	刘宏斌著	长沙：湖南大学出版社	2009
政治现实主义——威廉姆斯政治哲学研究	陈德中著	北京：知识产权出版社	2010
当代政治哲学	［法］高宣扬著	北京：人民出版社	2010

续表

题名	作者	出处	年份
人权与帝国——世界主义的政治哲学	[美] 科斯塔斯·杜兹纳著；辛亨复译	南京：江苏人民出版社	2010
福柯微观政治哲学研究	赵福生著	哈尔滨：黑龙江大学出版社、北京：中央编译出版社	2011
当代政治哲学	[加] 威尔·金里卡著；刘莘译	上海：上海译文出版社	2011

其次，关于中西政治哲学的研究视角更加宏大与完整，不断产出关于中西方政治哲学思想的通论、导论和史学著作（如表3所示）。诸多高校相继开设本科生、硕士生、博士生的相关课程。

表3　20世纪90年代以来政治哲学导论、通论与史学著作选介

题名	作者	出处	年份
中国传统政治哲学	周桂钿主编	石家庄：河北人民出版社	2001
中国政治哲学发展史：从儒学到马克思主义	刘惠恕著	上海：上海社会科学院出版社	2001
政治哲学（北大哲学教材系列）	韩水法	北京：北京大学出版社	2004
当代政治哲学	[加] 威尔·金里卡著；刘莘译	北京：生活·读书·新知三联书店	2004
政治哲学导论	[英] 亚当·斯威夫特著；萧韶译	南京：江苏人民出版社	2006
走进西方政治哲学：历史、模式与解构	欧阳英著	北京：中央编译出版社	2006

续表

题名	作者	出处	年份
政治哲学与幸福根基——牛津通识读本	David Miller 著，李里峰译	南京：译林出版社	2008
政治哲学的视野	万俊人主编	郑州：郑州大学出版社	2008
正义与和谐：政治哲学视野中的社会资本	黎珍著	北京：人民出版社	2008
坏世界研究：作为第一哲学的政治哲学	赵汀阳著	北京：中国人民大学出版社	2009
政治哲学史（共 7 卷）	张志伟、韩东晖、干春松主编	北京：中国人民大学出版社	2017
政治哲学论丛	段忠桥主编	北京：中国社会科学出版社	2018

再次，开始关注当代中国的政治哲学问题，尤其是中国共产党政治哲学思想。这意味着研究着眼点的创新与改变，即从理论研究走向现实政治、从西方世界回归中国社会（如表 4 所示）。

表 4　20 世纪 90 年代以来中国及其共产党政治哲学研究著作选介

题名	作者	出处	年份
毛泽东的政治哲学	［美］斯塔尔著；中共中央文献研究室《国外研究毛泽东思想资料选辑》编辑组编译	北京：中央文献出版社	1992
毛泽东的政治哲学	杨信礼等主编	济南：山东大学出版社	1993
政治哲学的新世界——邓小平政治哲学论稿	李峻登等著	哈尔滨：黑龙江人民出版社	1999

续表

题名	作者	出处	年份
社会正义是如何可能的——政治哲学在中国	韩水法编	广州：广州出版社	2000
大政治家的思想和智慧——邓小平的政治哲学	宋惠昌著	北京：经济科学出版社	2001
当代中国的政治哲学——执政兴国面临重大问题的思辨	陈章亮等主编	北京：中国青年出版社	2002
哲学与政治：当代中国政治哲学研究	姜涌编著	济南：山东大学出版社	2007
中国现象学与哲学评论　第10辑　现象学与政治哲学	倪梁康等编著	上海：上海译文出版社	2008
法的信仰——一种政治哲学的分析	李海青著	北京：知识产权出版社	2008
教育公正——政治哲学的视角	冯建军著	福州：福建教育出版社	2008
中国共产党政治哲学思想史研究	刘惠恕著	南昌：江西人民出版社	2009
正义的视野——政治哲学与中国社会	韩水法著	北京：商务印书馆	2009
中国共产党与中华民族伟大复兴——中国崛起的政治哲学解释	姚选民著	北京：九州出版社	2016

在中国复兴之后的政治哲学研究存在以下几个不足：第一，研究范式过于规范化，缺少现实向度与实践维度；第二，表达方式过于西

方化，缺少独创概念与自我言说；第三，最为紧要的是，没有提炼出马克思主义政治哲学的核心范畴、没有构建起马克思主义政治哲学的理论体系、没有获取马克思主义政治哲学的话语权力。

（二）马克思主义政治哲学研究在中国的兴起与热化

20 世纪 80 年代末以来，在西方世界与中国社会政治哲学研究复兴的热潮中，最为突出的现象是中国马克思主义政治哲学研究的兴起与热化。中国政治学界与哲学界权威研究机构和重量级专家学者于 2005 年前后相继发声，掀起了国内马克思主义政治学、马克思主义政治哲学研究的热潮。第一件标志性的事件是 2004 年由中国政治学会牵头举办的以“全面推进马克思主义政治学理论研究和建设工程”为主题的政治学会年会。从 2005 年开始，国内马克思主义政治学研究进入稳步发展阶段。第二件标志性的事件是 2006 年由中国社会科学杂志社牵头举办的第六届马克思哲学论坛，该届论坛以“马克思主义政治哲学：阐释与创新”为主题，旨在呼吁构建当代中国的马克思主义政治哲学，从而为马克思主义政治哲学开辟出研究论域和理论空间。这次会议改变了研究者多为政治学者、组织者多为政治学界的局面，开始从哲学视角切入进行马克思主义政治哲学的研究，将处于国内学术研究边缘地带的马克思主义政治哲学研究拉入正轨并在学界逐渐站稳脚跟。

此后，马克思主义政治哲学研究进入白热化阶段，中国哲学界与理论界通过多种方式进行马克思主义政治哲学的研究与传播工作。主要包括：出版著作（如表 5 所示）；发表论文；成立团队（如：2010 年初，武汉大学组建以李佃来为代表的“当代中国马克思主义政治哲学研究团队”，取得了丰硕研究成果）；举办论坛（如表 6 所示）；开设课程；等等。中国马克思主义政治哲学研究的热度虽然与日俱增，但总体而言，仍然属于初创与起步阶段。

表 5　　21 世纪以来马克思主义政治哲学研究著作选介

题名	作者	出处	年份
西方马克思主义的政治哲学	袁久红主编	南京：东南大学出版社	2004
黑格尔的幽灵：政治哲学论文集	［法］路易·阿尔都塞著；唐正东、吴静译	南京：南京大学出版社	2005
马克思与欧洲近代政治哲学	杨晓东著	北京：社会科学文献出版社	2008
马克思主义政治哲学：阐释与创新	赵剑英、陈晏清主编	北京：社会科学文献出版社	2007
马克思主义政治哲学诸范畴初探·政治学卷	韩冬雪著	长春：吉林出版集团有限责任公司	2007
政治哲学经典·马克思主义卷	侯才等编选	北京：人民出版社	2008
历史唯物主义的政治哲学向度	张文喜著	南京：江苏人民出版社	2008
马克思政治哲学引论——以人学为视角的当代解读	臧峰宇著	北京：中央编译出版社	2009
批判与辩证——马克思主义政治哲学论文集	孙善豪著	唐山：唐山出版社	2009
正义·民主·法治——马克思主义政治哲学的当代境界	惠吉兴、刘燕飞著	北京：红旗出版社	2010
政党政治与政治现代性——基于马克思主义政治哲学视野的研究	赵宬斐著	北京：中央编译出版社	2010
政治哲学的当代复兴	陈晏清主编	北京：中国社会科学出版社	2011
马克思政治哲学与后现代政治哲学的关系	李福岩著	北京：中国社会科学出版社	2012

续表

题名	作者	出处	年份
马克思政治哲学对自由主义的超越	孟锐峰著	天津：南开大学出版社	2013
“西方马克思主义政治哲学前沿研究”丛书	林哲元主编	南京：江苏人民出版社	2013
政治哲学的批判与重建：马克思早期著作研究	李淑梅著	北京：人民出版社	2014
早期西方马克思主义对列宁政治哲学的思考——以阶级意识为视角的探讨	李文峰著	北京：中国社会科学出版社	2014
马克思主义政治哲学视域中的政治平等研究	邓玉函著	北京：中国社会科学出版社	2016
重审马克思的“阶级”概念——基于政治哲学解读的尝试	孙亮著	南京：江苏人民出版社	2016
马克思主义政治哲学史	张文喜、臧峰宇著	北京：中国人民大学出版社	2017
高卢的雄鸡——古典马克思主义政治哲学史研究	朱进东、陈亚丽著	南京：南京大学出版社	2017
马克思政治哲学思想探析——历史、变迁与价值	欧阳英著	北京：中国社会科学出版社	2018

表6　　**21世纪以来政治哲学相关论坛选介**

时间	论坛名称	论坛主题	主办方	备注
2002年10月	全国政治哲学第二届学术研讨会	当代中国政治哲学的建构及基本问题学术研讨会	中国社会科学院《政治学研究》编辑部和中国矿业大学文学与法政学院共同主办	全国部分高校及研究机构的二十多位专家学者参加

续表

时间	论坛名称	论坛主题	主办方	备注
2004年10月	中国政治学会年会	全面实施马克思主义政治学理论研究和建设工程	中国政治学会主办，福建师范大学、福建师大公共管理学院承办，福建闽江学院、福建教育学院协办	全国各地近150位专家学者与会
2006年8月	第六届马克思哲学论坛	马克思主义政治哲学：阐释与创新	中国社会科学杂志社与南开大学社会哲学研究所联合举办	出版由赵剑英、陈晏清主编的《马克思主义政治哲学：阐释与创新》（社会科学文献出版社2007年版）
2006年9月	北京政治哲学国际论坛		首都师范大学哲学系主办，中国社会科学院哲学研究所、北京大学哲学系、清华大学哲学系协办	国内外22家高等院校、学术机构的学者和专家，京内外16家媒体，共约100人出席，首都高校约200名学生列席
2008年11月	第四届“南北哲学论坛”	政治哲学：从中国文化的视野看	北京大学哲学系与复旦大学哲学系联合主办	根据热点问题选定论题
2010年4月	第七届“马克思主义哲学创新论坛”	唯物史观与政治哲学	《哲学研究》编辑部、《哲学动态》编辑部、青年哲学论坛主办，南开大学承办	
2014年7月		政治哲学与当代中国	中国人民大学哲学院政治哲学研究中心、《中国人民大学学报》编辑部共同主办	南开大学、吉林大学、复旦大学、武汉大学、香港中文大学等高校及科研机构的30多位专家学者参加了此次会议

续表

时间	论坛名称	论坛主题	主办方	备注
2017 年 1 月	第十三届“马克思主义哲学创新论坛”	马克思主义政治哲学与现代性	青年哲学论坛和南开大学哲学院共同主办	
2017 年 4 月		当代中国马克思主义政治哲学理论建构	《马克思主义与现实》杂志社、武汉大学人文社会科学学报编辑部与武汉大学哲学学院联合举办	

（三）列宁政治哲学研究的相对冷淡与列宁后期政治哲学研究的极度缺乏

无论是国内知识界还是国外知识界，对列宁政治哲学思想的研究都处于匮乏状态，而对列宁后期政治哲学思想的研究甚至处于极度缺乏状态。

1. 列宁（后期）政治哲学思想的国内研究现状

就国内研究现状而言，列宁政治哲学研究处于相对冷淡的状态，这与马克思主义政治哲学研究整体兴盛的场景并不匹配。在这种相对冷淡的氛围中，列宁后期政治哲学所得到的关注与研究更是少之又少。概括而言，国内学者对列宁后期政治哲学思想的相关研究突出表现为以下两个方面。

其一，将列宁后期思想作为研究对象的成果并不少见，尤其是改革开放之后呈现出欣欣向荣的景象。

这些研究大致可以分为以下几类。一是列宁本人后期思想研究。改革开放之后尤其是 21 世纪以来，对列宁后期思想的具体研究可谓壮观。当然，不能忽略苏联解体之后对列宁的研究经历了将近十年的冷却期，也正是在列宁整体研究冷却的背景之下，国内学者对列宁后期思想的研究不但没有中断，而且不断涌现新的研究成果，凸显了列宁后期思想在现时代的重要性。此类研究大致可以分为列宁后期社会主义思想研究、改革思想研究、经济思想研究、政治思想研究、文化思想研究等部分。研究的切入点和侧重点从后文的参考文献中基本能够掌握大概，此处不再一一赘述。这些丰富的研究成果为本书研究提供了思想资源、研究视角、具体信息等宝贵借鉴。

二是列宁后期思想对比研究。进入 21 世纪之后，国内学者对列宁后期思想与马克思、恩格斯、普列汉诺夫、布哈林、斯大林、毛泽东、邓小平等人思想的对比研究较为多见，尤其是对列宁后期思想与邓小平理论的源流关系、内容差别等给予较多关注。例如：《恩格斯与列宁：晚年思想的比较与启示》（李述森，《东岳论丛》2015 年第 9 期）、《俄国史上关于列宁新经济政策的三次论争——兼论中国特色社会主义政治经济学的理论源头》（靳书君，《兰州学刊》2016 年第 9 期）、《从苏俄的新经济政策到中国的新发展理念》（袁恩桢，《毛泽东邓小平理论研究》2017 年第 4 期）等。该部分内容较为多样，为本书进一步的系统研究提供了丰富线索。

三是列宁后期思想影响研究。国内学者对列宁后期思想影响的研究主要集中在其对中国革命、建设、改革的理论与实践影响上，尤其是列宁后期思想对社会主义改造和改革开放时期的影响。例如：《邓小平非公有制经济思想对列宁新经济政策思想的继承和发展》（王媛，《中国经贸导刊》2010 年第 20 期）、《列宁新经济政策思想中国化的历史轨迹及当代发展》（靳书君，《理论学刊》2017 年第 2 期）等。客观而论，这些研究成果从多方面展现了列宁对中国的实际影响，但也存在明显不足，就是述说的无根性，即大多从对比的角度对传承与发展进行说明，而没有切实的根据。本书认为，这一不足可以通过对列宁后期思想在中国传播的史学研究得到一定弥补。

四是列宁后期思想传播研究。列宁著作汉译传播研究是伴随着研究范式的转化而兴起的，近几年出现一些相当扎实而且有分量的研究成果。例如:《列宁著作在法国的传播》(J. N. 迪康热、赵超,《马克思主义与现实》2014 年第 5 期)、《列宁主义在中国早期传播之研究》(曾银慧、田子渝,《晋阳学刊》2016 年第 1 期)、《列宁著作在中国的百年传播》(杨金海、高晓惠,《高校马克思主义理论研究》2016 年第 1 期)、《列宁主义早期传播与马克思主义中国化研究》(曾银慧、孙厚权,《马克思主义与现实》2017 年第 1 期)等。这些研究已经超越单纯的著作翻译、出版等信息汇总性研究,开始自觉地将其置于思想史、现实史双重视野当中进行分析,遗憾的是对列宁后期著作的汉译传播研究不够,而不说明这一问题就无法从根本上厘清中国道路生成的具体过程。这正是本书想要挖掘的内容之一。

其二,将列宁政治哲学作为研究对象的成果较为少见,但研究者多为重量级专家且研究成果水平较高。

以列宁政治哲学作为专门研究对象并以此命名的成果,目前只找到两篇:一是李文峰所著的《早期西方马克思主义对列宁政治哲学的思考——以阶级意识为视角的探讨》(中国社会科学出版社 2014 年版)。该书以阶级意识为视角,围绕无产阶级革命的道路问题,阐释了早期西方马克思主义的总体性辩证法,考察了早期西方马克思主义代表人物——卢卡奇、柯尔施、葛兰西与列宁在社会主义意识、阶级意识、无产阶级启蒙意识、无产阶级政党四个问题上的区别与联系。该书在很大程度上弥补了列宁政治哲学研究领域的空白,但主要以十月革命之前的列宁政治哲学思想为依据,对列宁后期政治哲学思想涉猎较少,也因此得出“国家与革命”是列宁主义的核心、早期西方马克思主义者的最终目的是开辟出不同于十月革命的并适合中西欧实际的无产阶级革命道路的结论。二是包大为所撰写的《列宁的政治哲学:在理论与策略之间——一个历史的辩护》一文(《学习与探索》2014 年第 10 期)。该文批判了西方马克思主义将列宁哲学置于“‘权宜之计’和‘具体的策略’之间”的错误定位,认为列宁的唯物辩证法表征为政治哲学的实践唯物主义,而非单纯作为观念的哲学。这种唯物辩证法在列宁哲学和苏维埃革命中具有不同的表现：在前者中表现为理论与现实的辩证法，在后者中表现为理论与策略的辩证法。因此，合理的策略是马克思主义理论与现实之间的中介，是实现政治哲学有效发展的必要条件。列宁的政治哲学不仅有待发明，而且有待继续发生。该文为列宁政治哲学研究提供了很好的视角，即以“策略”为切入点的研究。

其他的研究成果散见于马克思主义政治哲学导论或史学性质的著作中。例如：侯才等编选的《政治哲学经典：马克思主义卷》（人民出版社 2008 年版），该书分三编对马克思主义政治哲学的基本思想进行了探讨：第一编选编了马克思、恩格斯共 36 篇著作及其核心思想；第二编选编了伯恩斯坦 2 篇、考茨基 1 篇、普列汉诺夫 2 篇、列宁 13 篇著作及其核心思想；第三编选编了毛泽东 7 篇、邓小平 3 篇著作及其核心思想。其中，选编的列宁 13 篇政治哲学著作及其核心思想分别为：《俄国社会民主党人抗议书》：政治斗争与经济斗争；《怎么办?》：经济与政治；《我们纲领中的民族问题》：民族自决；《三种宪法或三种国家制度》：三种国家制度；《论自由主义的和马克思主义的阶级斗争概念》：阶级斗争和政治斗争；《社会主义与战争》：战争；《帝国主义是资本主义的最高阶段》：帝国主义；《论面目全非的马克思主义和“帝国主义经济主义”》：民主和社会主义；《国家与革命》：革命；《论“民主”和专政》：民主和专政；《关于用自由平等的口号欺骗人民》：自由和平等；《论“双重”领导和法制》：法制和执法；《论我国革命》：俄国革命和世界历史。从选编的列宁著作及其核心思想来看，列宁政治哲学被视为马克思主义政治哲学的重要组成部分，但编者对列宁政治哲学的关注具有两个特点：一是十月革命之前的著作仍占大部分（9/13）；二是革命与政治相关内容仍占主体，经济、文化、改革等列宁后期政治哲学思想内容较少涉猎。再如：在张文喜、臧峰宇所著的《马克思主义政治哲学史》（中国人民大学出版社 2017 年版）一书中，《列宁和共产主义学说》作为四大章之一，与《马克思主义政治哲学前史》《马克思与政治哲学革命》《恩格斯的政治哲学》相并列。在张文喜所撰写的《列宁和共产主义学说》一章中，他认为在新的基础上研究马克思主义时，列宁及其政治思想仍然占有显要地位。这种研究的对象是作为倡导一种完全不同的哲学实践的政治哲学家的列宁，研究的焦点是列宁的无产阶级专政理论，并在当代西方左翼政治哲学理论视阈下探讨了专政、暴力、敌友等具体概念，进一步对政治上的左翼思潮进行了调查。值得强调的是，该章将列宁政治哲学创发时间定为1916年至1923年，原因在于1916年之前的列宁政治哲学虽然具有某些新特征，但是整体框架以普列汉诺夫、布哈林等人的思想与著作为基础。同孟什维克决裂之后，列宁才逐渐创立了列宁主义政治哲学。此政治哲学主要有两大问题域：一是如何在现代帝国主义背景下看待国家问题；二是如何在政治、经济、文化落后的俄国建设社会主义的问题。尽管，“如何实现社会主义”被张文喜视为列宁政治哲学具有原创性、独创性的两大内容之一，但他未将阐释重点放置于此，该部分内容仍然有待继续挖掘。

综上可见，在国内这些为数不多的列宁政治哲学研究成果中，一个突出的特点就是将列宁政治哲学置于西方马克思主义视阈下进行考察，这在一定程度上迁就了西方马克思主义的关注重点与致思路径，消解了列宁思想本身的关注重点与致思路径；一个突出的遗憾是对列宁后期政治哲学思想关注与研究不足。

2. 列宁（后期）政治哲学思想的国外研究现状

就国际政治哲学研究而言，以罗尔斯为代表的自由主义仍然是当代西方政治哲学的主流。社群主义虽与自由主义争论过相当长一段时期，但并未完全脱离自由主义的基本论述。马克思主义政治哲学虽与自由主义进行过相当长时期的论战，但总体而言被视为激进思潮，尚未获得世界影响力和国际话语权。

就列宁政治哲学研究来说，自20世纪末期以来，随着苏联解体及其档案的解密，以及俄罗斯和世界形势的变化，当代西方对列宁的研究逐渐形成三大理论思潮[1]：

第一，“否定性”列宁主义观。该思潮以罗伯特·瑟维斯与尼尔·哈丁为代表，对列宁进行了批判性、否定性的解读。以尼尔·哈丁1996年发表的代表性著作《列宁主义》（*Lenin-ism*）为例，该书对列宁后期思想主要采取了三种态度，一是轻视，即认为“列宁主义只是一个人在1914年之后不到十年的时间内提出来的，大部分重要观点实际上是在1914年至1917年提出来的”[2]。二是批判，即本着“批评性研究”的态度对列宁的新经济政策及晚年丰富而深刻的政治思想进行了批判。三是转向，即研究重点从列宁早期的革命著作（主要是《怎么办?》）转向列宁后来的经济与社会著作（如《俄国资本主义的发展》《帝国主义论》等），但是，这种转向不够彻底，没有对列宁后期的重要著作和思想给予应有的关注。

第二，“肯定性”列宁主义观。该思潮以L. 利赫与齐泽克等当代左翼学者为代表，试图“重读”“反思”“重述”“回到”“挽救”列宁，但争论很大尚未达成共识。以流行于世界的齐泽克为例，他从2000年左右开始对列宁给予了持续不断的研究：2001年，牵头左翼知识分子在德国举办以“迈向真理的政治：挽救列宁”为主题的国际学术会议；2002年，发表论文《为列宁主义的不宽容辩护》、出版专著《重述列宁》；2002年，编写论文集《一触即发的革命》；2007年，与塞巴斯蒂安·巴德根（Sebastian Budgen）、斯塔西斯·库沃拉吉斯（Stathis Kouvelakis）等合编论文集《重塑列宁：走向一种真理政治学》等。其主要观点大致可以概括为：在新的历史条件下，不但不应该抛弃列宁，反而应该重述列宁并重新激活列宁的遗产。所谓“重述列宁”，并不是重述列宁做过的东西，而是重述列宁开启了可能性空间却没能完成的东西。所谓“重新激活列宁的遗产”，是指重新发明有关“真理的政治学”。目的是重拾列宁革命行动姿态，规划

① 张传平：《当代西方“列宁学”研究的三大理论走向及其批判》，《南京社会科学》2016年第11期。

② ［英］尼尔·哈丁：《列宁主义》，张传平译，南京大学出版社2014年版，第3页。

无产阶级斗争，探索替代全球资本主义的新战略。以齐泽克为代表的当代左翼学者重点关注的仍是革命行动，而非建设社会主义国家。可取之处在于齐泽克提出了一种值得推崇的研究办法，即结合当时的历史情境，以科学、客观、批判的方法研究列宁。

第三，批判的人道学派的列宁主义观。该社会思潮以凯文·安德森为代表。以安德森1995年出版的代表性著作《列宁、黑格尔和西方马克思主义：一种批判性研究》为例，该书将列宁1914—1915年关于黑格尔和辩证法的笔记作为研究重点，试图说明其具有严肃性与原创性，为后来的《帝国主义论》《国家与革命》等著作奠定了哲学基础，还进一步探讨了其与“西方马克思主义”或“黑格尔主义的马克思主义”的联系。只是在第二部分《1914—1923年列宁论革命的辩证法》中，用六个页面论述了“1919—1923年对官僚主义批判的矛盾性”。可以说，这一理论思潮对列宁后期政治哲学思想的关注与研究仍是不够的。

综上，国外列宁（后期）政治哲学思想研究多以西方中心论为根本立场且受到意识形态的束缚与局限，无法秉承严谨、科学、客观的理论态度，因此得出的结论与作出的评价难免失之偏颇、显得片面。这也就不难理解为何国外列宁研究的关注重点在革命而不在建设。与国内研究现状一样让人遗憾的是，对列宁后期政治哲学思想的关注与研究不足。基于国内外的这种研究现状，本书欲将列宁后期政治哲学思想作为专门研究对象，进行较为基础和系统的探索性研究。

三　研究方法

阐述研究方法之前，首先说明研究立场，即“建设”多于“批判”。诚然，列宁后期政治哲学思想存在诸多不足，但本书主要着眼于“建设”，即挖掘具有当下意义与恒久价值的政治哲学概念、命题与内容。主要采取以下研究方法。

（一）历史与逻辑的辩证统一

列宁后期政治哲学思想绝不是书斋中的空置悬想，而是深深地扎根于俄国的现实与世界的形势，其本身是集俄国历史与世界历史、哲学逻辑与政治逻辑于一身的，既拥有丰富深厚的思想理论底蕴，又涵盖复杂多变的现实生活场景，同时对当时和后世哲学家、政治家等产生了举足轻重的影响，并以此改变着马克思主义的政治哲学形态和社会主义实践的历史进程。因此，对列宁后期政治哲学思想的研究，既应注重从思想史与概念史的角度进行梳理，又应注重从现实条件与历史背景的角度进行考察，还应从实际效果与历史影响的角度进行评价。简言之，就是坚持历史与逻辑的辩证统一。

（二）文本与现实的有机统一

对列宁后期政治哲学思想研究而言，文本是根本依据、现实是根本依托。所谓"文本与现实的有机统一"，一方面是指在当时的现实中理解列宁后期文本，另一方面是指在当下的现实中考察列宁后期文本。也就是说，从当时的历史条件与时代问题出发，系统阅读文本，以探求列宁后期政治哲学的思想火花、内在逻辑与历史命运，再现文本的思想史语境与现实化历程。然后，从现时的实践需要与政治问题出发，再次回到文本，以寻求列宁后期政治哲学思想的当代价值、时代启示与恒久意义，构建文本的中国化语境与新时代价值。正本清源、返本开新，为列宁后期政治哲学研究开疆拓土、为马克思主义政治哲学研究添砖加瓦、为新时代中国政治理论研究与实践探索建言献策。

（三）局部与整体的交叉统一

对列宁政治哲学思想进行时期划分只是为了便于研究与简化研究，这并不意味着可以将列宁的政治哲学思想严格区分为"早期""中期"或"后期"。实际上，一个人的思想无论如何转变都是无法连根拔起的。因此，研究列宁后期政治哲学思想并不能单就列宁后期谈论列宁后期，而是需要将列宁后期政治哲学思想置于列宁全部政治哲学思想、置于马克思主义政治哲学、置于西方政治哲学等宏观视阈之中，在思想史以及思想研究史的视野内进行观察与思考。同时，需要将列宁后期政治哲学思想所产生的时代置于俄国历史、世界历史、中国历史等宏大视野之下，在大历史中考察列宁后期的思索、选择与影响。

第一章　列宁后期政治哲学的实践转向

在探究列宁后期政治哲学具体内容之前，有必要对其形成与存在的历史前提与思想前提进行追问。这一追问，不仅揭示出列宁后期政治哲学的实践转向，而且明晰了列宁“政治哲学家”身份的界定依据。对此，我们不妨从《关于费尔巴哈的提纲》（1845 年春，以下简称《提纲》）最后一条——“哲学家们只是用不同的方式解释世界，问题在于改变世界”[①]——谈起：“解释世界”是马克思对其之前的西方哲学家以及西方哲学史致思路向的总体概括，这种概括同样适用于马克思之前的西方政治哲学家以及西方政治哲学史。换言之，如果将西方政治哲学史大致划分为“解释世界”与“改变世界”前后两个阶段，那么，马克思之前的政治哲学家基本处于“解释世界”阶段，马克思、恩格斯开启由“解释世界”向“改变世界”的过渡，列宁则真正跨入“改变世界”阶段。再细言，列宁后期政治哲学不仅改变着世界，而且带着越来越少的幻想改变着世界。

第一节　“以往的政治哲学”以“解释世界”为主题与使命

政治哲学史著作是通观政治哲学发展历程、概览政治哲学总体状

① 《马克思恩格斯文集》第 1 卷，人民出版社 2009 年版，第 502 页。

况的重要窗口和关键依托。不同的政治哲学史著作由于著者身份、立场及其对政治哲学、政治实践理解的不同而呈现出不同的行进思路与书写方式。纵观较为流行、较具代表的政治哲学史著作①，不难发现，不管章节安排是分时期、分主题，还是分流派、分人物，都绕不过对政治哲学家及其著作与思想的选取，这些选取存在一种显著共性，即均选取以哲学家为主体的思想家的政治哲学。值得注意的是，这些以哲学家为主体的思想家与通行西方哲学史著作中选介的哲学家具有高度重合性，只是在切入角度、内容组合和论述方式等方面存在微观差异。这说明什么呢？一方面说明，作为思想家的政治哲学家普遍受权威学者的关注与认可；另一方面可能也说明，马克思之前可称为政治哲学家的人物多以思想家的身份而非政治家的身份而存在。这些作为思想家而存在的政治哲学家基本停留于“解释世界”的阶段，究其因，至少有两点。

一　本质特征：以“解释世界”为理论旨趣并以此进行思想构架

作为思想家的政治哲学家对世界的解释大致遵循两条传统致思路径：一是对“是”（being）的认知；二是对“应该”（ought）的构建。“是”可视为客观存在，在政治哲学领域主要表现为现实生活与政治；“应该”可视为主观构想，在政治哲学领域主要表现为政治价值与理想。这两条传统致思路径，既相互独立又具有逻辑上的同一性，同属于形而上学的思辨范畴。可以说，马克思之前的政治哲学家，既以“是”为研究对象，又以“应该”为目标追求，更多时候是由“是”贯入得出“应该”，在“是”的基础上构想“应该”。具体而言，就是肇始于现实生活与政治进行价值追问与理想构建，但遗憾的是，其虽源于“是”却止于“应该”，即在“解释世界”的范围内进行形而上的思维活动，并未贯通到“改变世界”

---

① 萨拜因的《政治学说史》，施特劳斯的《政治哲学史》，罗尔斯的《政治哲学史讲义》，张志伟、韩东晖、干春松总主编的《政治哲学史》等。

中，也就未使价值融入生活、理想变为现实。换言之，作为思想家的政治哲学家，其理论旨趣多为思想漫步、精神探索与彼岸构建，其原点可能是现实批判，其初衷可能是改善实存，但由于对“真善美”的固守、对传统习俗的挑战等缘由，其成果终究是疏离于现实生活与政治的。

二　整体样态：与“政治权力”相隔离以致无法将理想付诸实践

“政治权力”是将政治价值与理想融入现实生活与政治的最直接、快速、有力的工具，然而，作为思想家的政治哲学家通常既不是权力的拥有者，也不是权力的行使者。同时，当这种类型的“政治哲学家试图直接干预政治生活的时候，他们常常会落得一败涂地”[①]。也就是说，作为思想家的政治哲学家与政治权力的分离，阻隔了其政治价值与理想对现实生活与政治的直接效用，因此，通常只能停留在“解释世界”阶段，无法融入主流的统治观念系统与权力运行机制，也就无法及时有效地影响现实政治选择，无法担当起“改变世界”的应有之责。即便个别政治哲学家有机会走近政治权力中心，其思想的影响、个人的下场也是不可设定的。为亚历山大大帝施教的亚里士多德，为佛罗伦萨美第奇家族进言的马基雅维利，为凯瑟琳大帝献策的狄德罗等，无一不说明这一点。当然，不可否认，那些经典的、崇高的政治哲学思想在历史的长河中或快或慢、或多或少、或隐或现地成为现实生活与政治的指明灯，成为照亮人类前行之路的一束思想之光。柏拉图的《理想国》、霍布斯的《利维坦》、卢梭的《社会契约论》等经典著作便属于这一类。

由此可见，作为思想家的政治哲学家之所以止步于“解释世界”，一方面是因为其兴趣主要集中于沉思与观念，骨子里视本质与理想优先于现实与实践；另一方面是因为其身份无涉于政治与权力，政治经

---

① ［英］戴维·米勒：《政治哲学与幸福根基》，李里峰译，译林出版社 2008 年版，第 9 页。

验与政治权力的缺乏使其思想远远超离于社会现实且无法直接作用于社会现实。

第二节 马克思、恩格斯开启“改变世界”的政治哲学转向

在2017年出版的七卷本《政治哲学史》① 总序中，编者言：“因其与社会现实在实践性指向上具有密切关系，当代政治哲学俨然成为哲学中最活跃的研究领域。”如上文所言，马克思之前的政治哲学家主要以“解释世界”为理论旨趣，真正开启政治哲学“实践性指向”的当属马克思与恩格斯。两者在批判旧世界与旧哲学的基础上，将“实践”纳入政治哲学语境，由“解释世界”阶段迈向“改变世界”阶段。

一 马克思并不是一开始就要“改变世界”的，他最初的思想探索同样始于“解释世界”

中学毕业后，马克思遵从父愿进入波恩大学法律系学习，次年转入柏林大学继续法学学习。如恩格斯所言，“创造体系”在当时的德国颇为流行，“最不起眼的哲学博士，甚至大学生，动辄就要创造一个完整的‘体系’”②。初入柏林大学的马克思亦不例外，他在浓厚学术氛围的影响下，从文学创作中幡然醒悟过来，感觉到“必须攻读法学，而且首先渴望专攻哲学”③。因为在马克思看来，只有这样，才能建立起一种能够贯穿整个法学领域的法哲学。怀着这种宏愿，马克思习惯性地依照早年接触较多的康德、费希特理想主义方式对法学进行了形而上的划分，事实证明，这种脱离实际、将现有之物与应有之

---

① 张志伟、韩东晖、干春松总主编，中国人民大学出版社2017年出版，包括三卷本中国政治哲学史、三卷本西方政治哲学史与一卷本马克思主义政治哲学史。

② 《马克思恩格斯文集》第9卷，人民出版社2009年版，第8页。

③ 《马克思恩格斯全集》第47卷，人民出版社2004年版，第7页。

物相对立的划分导致“法的精神及其真理却消失了”，是一种“无可救药的错误的划分”。[①] 对康德、费希特的不满，使马克思再次明白“没有哲学就无法深入”[②]。于是，他重新投入哲学的怀抱，“熬过了许多不眠之夜，经历了许多斗争，体验了许多内心的和外在的冲动”[③]，然而，建立新的形而上学基本体系的尝试不但没有成功反而损害了健康。

身心俱损的马克思准备就此“从理想主义……转而向现实本身去寻求观念”[④]。到乡下养病的这段日子里，马克思“从头到尾读了黑格尔的著作，也读了他大部分弟子的著作”，被曾不喜欢的黑格尔的“离奇古怪的调子”“诱入怀抱”。[⑤] 这更加坚定了马克思对康德、费希特的批判，如其在一首讽刺短诗中所写：“康德和费希特喜欢在太空遨游，寻找一个遥远的未知国度；而我只求能真正领悟在街头巷尾遇到的日常事物！”[⑥] 此处的“我”实指黑格尔，这种实指表明马克思已经被黑格尔对现实的观照所折服，但他此时对“日常事物”的“领悟”如黑格尔一般是“头脚倒置”、以绝对精神为初始的。

之后，马克思不但成为青年黑格尔派“博士俱乐部”的积极成员，而且在其影响下写作了以《德谟克利特的自然哲学和伊壁鸠鲁的自然哲学的差别》为题的博士学位论文。难能可贵的是，马克思关注到了哲学与世界的辩证关系，即“世界的哲学化同时也就是哲学的世界化”，甚至将“实践”一词纳入“理论精神”与“尘世现实”的关系之中，提出“在自身中变得自由的理论精神成为实践力量，作为意志走出阿门塞斯冥国，面向那存在于理论精神之外的尘世的现实”[⑦]。遗憾的是，此时的马克思仍处于黑格尔及其后学唯心主义影响之下，

① 《马克思恩格斯全集》第 47 卷，人民出版社 2004 年版，第 7—9 页。
② 《马克思恩格斯全集》第 47 卷，人民出版社 2004 年版，第 11 页。
③ 《马克思恩格斯全集》第 47 卷，人民出版社 2004 年版，第 12 页。
④ 《马克思恩格斯全集》第 47 卷，人民出版社 2004 年版，第 13 页。
⑤ 《马克思恩格斯全集》第 47 卷，人民出版社 2004 年版，第 12—15 页。
⑥ 《马克思恩格斯全集》第 1 卷，人民出版社 1995 年版，第 736 页。
⑦ 《马克思恩格斯全集》第 1 卷，人民出版社 1995 年版，第 75—76 页。

认为“哲学的实践本身是理论的”，实践的主体是理论精神。[①] 此外，这篇论文还有更深刻的用意，即批判宗教神学与封建专制。[②] 如马克思 1857 年致拉萨尔的信中所言，其博士学位论文写作“与其说出于哲学的兴趣，不如说出于（政治的）兴趣”[③]。

由此可见，马克思在学生时代对现实与政治是有所关怀的，只是这种关怀要么局限于客观唯心主义之中，要么笼罩在主观唯心主义之下，以至意识到了应有之物与现有之物、自我意识与物质世界、理论精神与尘世现实之间千丝万缕的关系，但过于强调应有之物、自我意识、理论精神的主导地位与优先作用，轻视甚至忽视了现有之物、物质世界与尘世现实的地位与作用，同时未能正确理解实践的主体、内涵与意义。囿于这种唯心主义与民主主义立场，学生时代马克思的政治哲学思想停留在了以构建体系为主要表征的“解释世界”层面。

二 马克思由“解释世界”向“改变世界”的转变始于对“现实世界”的介入与批判

对现实世界的介入使马克思看到了思辨哲学的缺陷和现实世界的苦难，开启了批判思辨哲学与现实世界的征程，最终提出了“改变世界”的政治哲学新主题与新使命。

（一）马克思跃出“解释世界”的窠臼，始于他对“现实世界”的介入以及对无法解释“现实世界”的黑格尔哲学的不满

马克思离开象牙塔、踏入现实世界的第一站是《莱茵报》编辑部。在为该报撰稿、担任编辑期间，他参与了关于出版自由、林木盗窃法、地产分析、自由贸易与关税的辩论，也考察了摩泽尔河沿岸地区农民贫困的状况。这些实践活动对马克思原有认知产生了可谓颠覆性的影响，主要表现在三个方面：其一，对物质利益发表意见的“难

① 《马克思恩格斯全集》第 1 卷，人民出版社 1995 年版，第 75 页。

② 普鲁士是政教合一的封建君主专制国家，因此，基督教作为国教，不仅是一种单纯的宗教信仰，而且起到维护王权的政治作用，所以，对宗教的批判是与政治批判紧密相连的。

③ 《马克思恩格斯全集》第 29 卷，人民出版社 1972 年版，第 527 页。

事”让他恍然大悟，原来“物质利益”在现实世界中如此重要，自己以往竟然未曾重视；其二，市民社会在国家与法中占上风的客观事实让他猛然惊醒，原来用黑格尔哲学解释现实世界是说不通、道不明的，自己之前竟然被其诱导；其三，贫富差距、阶级分化的社会现状让他如梦初醒，原来现实世界存在着如此深重的苦难，自己曾经竟然将其想象得那么浪漫。这些颠覆性的影响拓展了马克思在博士学位论文中所涉及的哲学与世界的关系问题，使其进一步认识到哲学不应在现实世界之外而应与现实世界接触并相互作用，以达到哲学世界化与世界哲学化的统一。①

（二）对“现实世界”的介入开启了马克思批判“现实世界”以及无法解释“现实世界”的黑格尔及其后学的征程

从《莱茵报》编辑部退出来之后，马克思携着关于“物质利益”的难事，带着关于“市民社会”的疑问，心有不甘地从“社会舞台退回书房”②。他首先对黑格尔法哲学进行了批判性分析，得出一种具有跃进性的思想认识：“法的关系正像国家的形式一样……根源于物质的生活关系，这种物质的生活关系的总和，黑格尔……概括为‘市民社会’，而对市民社会的解剖应该到政治经济学中去寻求。”③这种思想跃进在很大程度上得益于对费尔巴哈人本学唯物主义的接纳与吸收。如其 1843 年 3 月在致卢格的信中所写，“费尔巴哈的警句只有一点不能使我满意，这就是：他强调自然过多而强调政治太少”④。马克思正是在对费尔巴哈人本学唯物主义思想接纳与吸收的基础上，写下了《黑格尔法哲学批判》（1843 年 3 月至 9 月）一文，得出了与黑格尔完全相反的观点，即在市民社会与国家、法的关系中，前者决定后者而非后者决定前者。基于此，马克思将关注重点和研究视角从国家与法层面转向了市民社会层面。

① 《马克思恩格斯全集》第 1 卷，人民出版社 1995 年版，第 76 页。
② 《马克思恩格斯文集》第 2 卷，人民出版社 2009 年版，第 589 页。
③ 《马克思恩格斯文集》第 2 卷，人民出版社 2009 年版，第 591 页。
④ 《马克思恩格斯全集》第 47 卷，人民出版社 2004 年版，第 53 页。

在对市民社会的关注与研究过程中，马克思与德国同时代其他思想家一样也对社会突出问题进行了问诊把脉，在批判时兴理论的基础上给出了自己的成因解析、路径选择与目标设定。他尤为关注德国社会长期存在且影响巨大的犹太人问题。在以基督教为国教的德国，信奉犹太教的犹太人普遍处于有钱无权、遭受压迫的悲惨境地。青年黑格尔派代表人物鲍威尔认为，犹太人问题根源于基督教与犹太教的对立，因此，他主张以“废除宗教”的方式解决犹太人问题。马克思极不赞成这种问题归因与解决路径，为此，他专门写作了《论犹太人问题》（1843 年 10 月至 12 月）一文，对鲍威尔的这种流行观点进行了理论批判。他指出，犹太人问题不是宗教问题而是世俗问题，因此，只有将其置于市民社会与物质利益中才能得到真正解决。具体而言，首先需要将国家从宗教中解放出来以实现犹太人的“政治解放”，但这种“政治解放”只是资产阶级的民主解放，而不是“普遍的人的解放”。若想实现“普遍的人的解放”，还需要将社会从“犹太精神”（金钱崇拜）中解放出来。由此，马克思第一次提出了他为之奋斗终身的理想，即“普遍的人的解放”。只不过，在这篇文章中，“普遍的人的解放”仅作为一种与现实世界相对应的理想世界样态，尚未获得将其付诸实践的主体力量与具体路径。

在几乎同时期写作的另一篇文章《〈黑格尔法哲学批判〉导言》（1843 年 10 月至 12 月，以下简称《导言》）中，马克思对以上话题进行了内容补充与详细论述。在该文中，马克思结合参与德法工人运动的经验，提出了实现“普遍的人的解放”的精神武器与物质武器。所谓“精神武器”是指“哲学”，但此哲学已不再是黑格尔哲学。相反，黑格尔哲学是批判的对象，因为在马克思看来，它“抽象而不切实际”，“置现实的人于不顾”，缺乏“实践能力”。又因为黑格尔哲学占据国家意识形态主导地位，在现实中维护着政治统治、在观念中延续着德国历史，因此，它又成为马克思进行现实批判之前的理论批判的首要对象，即“向德国制度开火”要从“哲学家的头脑开始”，也即对德国政治与法“原本”的批判要从德国国家哲学与法哲学“副本”的批判开始。简言之，批判旧世界要从批判为其辩护的旧哲学（黑格尔哲学）开始。马克思并未直接陈述“新哲学”的样貌，但据上下文大致可以概括为以“人是人的最高本质”为理论立足点、以市民社会中的人为现实立足点、以“普遍的人的解放”为终极目标、以无产阶级为革命主体、具有解释能力与实践能力、可以变为现实的哲学。显然，这种哲学已经远超纯粹思辨哲学范畴，带有浓重的“改变世界”的政治哲学意蕴。所谓“物质武器”是指“无产阶级”，即“一个被戴上彻底的锁链的阶级”，同时也是一个意识到“压迫”与“耻辱”的阶级。马克思指出，“新哲学”与“无产阶级”分别构成了“普遍的人的解放”的“头脑”与“心脏”，前者是后者改造世界的理论工具，后者是前者实现自身的物质力量；“哲学不消灭无产阶级，就不能成为现实；无产阶级不把哲学变成现实，就不可能消灭自身”①。在此，马克思看到了哲学对现实世界尤其是现实政治的塑造与维护作用，指出了哲学应具备的现实属性与实践能力，虽未明确提出“改变世界”这一概念，但“批判”“向德国制度开火”“武器”等字眼表明，他已经开始从理论重构和力量找寻两个方面思考如何改变德国哲学与政治的现实状况。

到此为止，马克思进行理论研究的目的已经不再是构建能够“解释世界”的形而上哲学体系，而是创造一种能够指导无产阶级实现“普遍的人的解放”的精神武器。只不过，他从“天国批判”解脱出来进入“尘世批判”之后，尚未深入尘世的基底——物质生活及其相关实践。

（三）恩格斯的出场与政治经济学的研究促使马克思提出了“改变世界”的政治哲学新主题与新使命

不管是踏入现实世界、远离体系构建，还是转向市民社会、批判思辨哲学，马克思实质上都还停留于人道谴责与理论批判层面。真正

① 《马克思恩格斯文集》第1卷，人民出版社2009年版，第18页。

将其引入实证研究与现实批判层面的“功臣”，当属恩格斯与政治经济学研究。恩格斯作为资本家的后代，在经营家族企业过程中，形成了对资本主义经济社会现实的直接感知与深刻思考。他在《德法年鉴》上发表了《国民经济学批判大纲》（1843 年），这是恩格斯的第一部经济学著作，被马克思称为“天才的大纲”并在《资本论》等著作中多次提及和运用，在理论上直接启发和引领了马克思的政治经济学研究；他带领马克思实地考察英国工商业中心曼彻斯特、伦敦资本主义经济发展与工人运动状况（1845 年 7 月至 8 月），在现实中极大丰富和深化了马克思对资本主义现实的感性认知与理性思考。可以说，深谙资本主义经济社会现实的恩格斯的出场极大地促进和推动了马克思对政治经济学的研究。

也正是通过对政治经济学的批判研究，马克思才得以从人道化的理论批判成功转向实证性的现实批判，从哲学化的“现实世界”转向真实性的“现存世界”。在《1844 年经济学哲学手稿》（1844 年 4 月至 6 月，以下简称《手稿》）中，他开始从当时的国民经济事实——工人生产的财富越多就越贫穷——出发，指出了资本主义社会中存在的以劳动异化为突出表现的人的异化现象，以及这种异化所导致的以无产阶级贫困为突出表现的大多数人的现实苦难。这是马克思对资本主义现存世界的认识。他是如何解释这种现存世界的呢？马克思认为，劳动外化产生私有财产之后，私有财产就成为人的异化的因果，即不仅成为人的异化的结果还成为导致人的异化的原因。因此，扬弃私有财产就成为消除人的异化的必然选择。“共产主义是对私有财产即人的自我异化的积极的扬弃”①，因此，要采取共产主义行动、建立共产主义社会，以便使被异化了的人完成向人自身的复归。实现了“共产主义”就完成了“普遍的人的解放”了吗？马克思并不这么认为，他强调共产主义并非人的解放的最终完成，而是人的解放与复原的必然环节。如此一来，马克思便由批判哲学理论转向批判现存

---

① 《马克思恩格斯文集》第 1 卷，人民出版社 2009 年版，第 185 页。

世界，用诸如“劳动异化”“人的异化”这样的哲学概念，道出了现存世界中的不公与苦难，分析了导致这种不公与苦难的原因，提出了解除这种不公与苦难的路径。可以说，对政治经济学的初步研究赋予了马克思的批判理论以现实性与解释力。

然而，仅仅指出现存世界是怎样的、要怎么做才能改变现存世界以及要将现存世界改变为什么样子是不够的，问题的关键在于谁来承担这一重任以及他为何能够担当此任。在《导言》中，马克思已经将“无产阶级”视为这一重任的担当者。在《神圣家族》（1844 年 9 月至 11 月）一文中，马克思又具体阐述了无产阶级能够担当此任的缘由。在他看来，思想无法离开利益，“思想一旦离开利益，就一定会使自己出丑”①；思想本身也“根本不能实现什么东西。思想要得到实现，就要有使用实践力量的人”②，这种“使用实践力量的人”不是“抽象的人”而是“现实的个体的人”；“历史不过是追求着自己目的的人的活动而已”③。在此，马克思道出了一个至关重要的概念——“使用实践力量的人”，以及他们“使用实践力量”的驱动力（“利益”）、中介（“思想”）与结果（“历史”）。既然历史是由具有实践力量的群众创造的，“历史活动就是群众的活动”，那么，拥有实践力量的无产阶级就“能够而且必须自己解放自己”，以“普遍的人的解放”完成自身的解放。

在发现物质利益主导思想、群众实践创造历史的事实之后，马克思在《提纲》中，掷地有声地提出了“改变世界”的政治哲学新主题与新使命。他开篇即批判了旧哲学理解与解释世界的方式，即旧唯物主义拘泥于客体与直观而唯心主义拘泥于主观与能动，两者都未能从感性的人的活动视角去理解与解释世界。这表明，马克思对世界的理解方式与解释方式已经发生了根本改变，即开始从实践的观点去理解世界、解释世界。紧接着，马克思用实践的观点刷新了对“人的思

① 《马克思恩格斯文集》第 1 卷，人民出版社 2009 年版，第 286 页。
② 《马克思恩格斯文集》第 1 卷，人民出版社 2009 年版，第 320 页。
③ 《马克思恩格斯文集》第 1 卷，人民出版社 2009 年版，第 295 页。

维”“环境和教育”“世俗世界”“社会生活”等方面的认识，提出“人的本质不是单个人所固有的抽象物，在其现实性上，它是一切社会关系的总和”，“全部社会生活在本质上是实践的”。[①] 此时，马克思对实践的定位已经越过认识论层面而达至本体论层面。然而，他并没有止步于此，而是进一步提出“哲学家们只是用不同的方式解释世界，问题在于改变世界”[②]。也就是说，以实践的观点去理解与解释世界是不够的，还要用实践的方式去改变世界。如此一来，马克思不但超越了其之前以唯心主义或旧唯物主义为哲学立场的思想导师们，将哲学立场转移到了实践唯物主义之上，而且超越了其之前以“解释世界”为主题与使命的政治哲学家们，将政治哲学主题与使命转移到了“改变世界”之上。

综上可见，马克思“改变世界”的政治哲学新主题与新使命看似是一下子提出来的，实际上是经过一系列思想跃进之后的高度总结。他先是受青年黑格尔派影响，侧重于天国批判，天国批判基本结束之后便转向尘世批判。在尘世批判中，先是批判尘世中占统治地位的思想理论，后来转向批判尘世中的现实存在，最终提出“改变世界”的政治哲学新主题与新使命，并将之作为终生理论研究与实践活动的根本法则。

三　马克思、恩格斯的革命理论与实践为改变“现存世界”开辟了可能性空间

“现存世界”是一种客观存在，“理想世界”是一种主观构建，“改变世界”是一种哲学原则。仅有“哲学原则”是无法使“现存世界”改变为“理想世界”的，若想促使“现存世界”逐渐趋近“理想世界”，还需要现实的路径与行动。1845 年春以后，马克思、恩格斯便投入“改变世界”的理论探索与实践活动之中。

---

① 《马克思恩格斯文集》第 1 卷，人民出版社 2009 年版，第 504—506 页。

② 《马克思恩格斯文集》第 1 卷，人民出版社 2009 年版，第 502 页。

（一）在得出“改变世界”这一政治哲学新主题与新使命之后，马克思、恩格斯首先改变的是他们改变世界的方式，即由“批判”转向“革命”

虽然“批判”是马克思超越旧思想、创造新思想的主要方式，也是其未曾中断、秉持一生的主导思维，但早在《导言》中，他就认识到“批判已经不再是目的本身，而只是一种手段。它的主要情感是愤怒，它的主要工作是揭露”①。仅有“愤怒”与“揭露”是不够的，关键在于“行动”与“改变”。在《德意志意识形态》（1845 年秋至 1846 年 5 月）一文中，马克思、恩格斯对“批判”进行了补足与扩充，指出“生产力和交往形式之间的这种矛盾……每一次都不免要爆发为革命”②，历史与理论的动力是“革命”而不是“批判”，“对实践的唯物主义者即共产主义者来说，全部问题都在于使现存世界革命化，实际地反对并改变现存的事物”③。在这种革命语境下，“解放”就不再仅仅是一种思想活动，而是变成了一种历史行动，“只有在现实的世界中并使用现实的手段才能实现真正的解放”④。自此，马克思连同恩格斯的毕生追求便从“哲学世界化”与“世界哲学化”彻底转向了“现存世界革命化”。简言之，由“理论批判”转向“现实革命”。

（二）在得出“全部问题都在于使现存世界革命化”的结论之后，马克思、恩格斯旋即投入革命理论研究当中

马克思、恩格斯在采取革命行动之前，首先对革命理论进行了详细研究，又通过革命行动将之丰富、发展和完善。总的来说，他们的革命理论内容相当丰富，大致可归为六大方面。

一是革命阶级。其实，单就革命阶级指向而言，马克思、恩格斯已经表述得非常清楚了，即无产阶级。在明确“使现存世界革命化”

---

① 《马克思恩格斯文集》第 1 卷，人民出版社 2009 年版，第 6 页。
② 《马克思恩格斯文集》第 1 卷，人民出版社 2009 年版，第 567 页。
③ 《马克思恩格斯文集》第 1 卷，人民出版社 2009 年版，第 527 页。
④ 《马克思恩格斯文集》第 1 卷，人民出版社 2009 年版，第 527 页。

的历史使命之后，两者对革命阶级的地位、形成与诉求等要素，又进行了详细论述。在《哲学的贫困》（1847 年）一文中，马克思指出“在一切生产工具中，最强大的一种生产力是革命阶级本身”①，革命阶级本身是在阶级斗争中逐渐形成和坚定的。一开始，无产者在资产者的剥削下，陷入普遍的、绝对的、极度的贫困。这种贫困作为“推翻旧社会的革命的破坏的一面”②，促使无产者逐渐联合起来，与资产阶级展开维护工资的经济斗争。在阶级之间的经济斗争过程中，无产阶级由“自发阶级”渐变为“自为阶级”，斗争目标由“维护工资”渐变为“维护同盟”。阶级之间的冲突范围则由“局部的暂时的”渐变为全面的经常的，斗争性质也由经济斗争渐变为政治斗争。就这样，无产阶级在阶级斗争过程中逐渐形成并变得自为而坚定。

二是革命政党。政党组织是阶级利益的代表，是无产阶级壮大以及无产阶级运动发展的必然要求与必然结果。在《共产党宣言》（1848 年，以下简称《宣言》）中，马克思、恩格斯阐明了共产党与无产阶级之间的关系，主要表现在三方面：从利益上来说，共产党与无产阶级之间没有任何利益差别；从理论上来说，共产党由于对无产阶级及其运动十分了解，因此在理论上是胜过其余无产阶级群众的；就目的而言，共产党的最近目的是组织无产阶级、推翻资产阶级、获取政治权力，从而实现无产阶级的统治。③ 也就是说，共产党不但是属于无产阶级的，而且是无产阶级中的先进部分，因此，它能够成为无产阶级及其运动的领导力量。其实，当时的共产党只是西欧无产阶级内部形成的众多政党之一。这就涉及共产党与其余工人政党的关系，对于这一问题，马克思、恩格斯同样给出了明确答案，即“共产党人不是同其他工人政党相对立的特殊政党”，而是“各国工人政党中最坚决的、始终起推动作用的部分”④。

① 《马克思恩格斯文集》第 1 卷，人民出版社 2009 年版，第 655 页。

② 《马克思恩格斯文集》第 1 卷，人民出版社 2009 年版，第 616 页。

③ 《马克思恩格斯文集》第 2 卷，人民出版社 2009 年版，第 44 页。

④ 《马克思恩格斯文集》第 2 卷，人民出版社 2009 年版，第 44 页。

三是革命同盟。马克思、恩格斯不仅善于运用阶级分析方法了解和认识社会状况，而且善于运用阶级分析方法了解和认识革命形势。1848 年欧洲大陆革命爆发之前，恩格斯在《共产主义者和卡尔·海因岑》（1847 年 10 月）中断言，“实行一切共产主义措施的首要前提”① 是无产阶级的政治统治，而小农是“目前最不能发挥革命首倡精神的阶级”②。革命爆发后，恩格斯通过研究德国革命认识到，工人阶级虽然是“欧洲所有起义的真正战斗力量”③，但在德国农民阶级占人口的大多数；马克思也通过研究同时期的法国革命认识到，农民阶级一旦认识到自身与资产阶级的利益对立，就会把“负有推翻资产阶级制度使命的城市无产阶级看做自己的天然同盟者和领导者”④，革命进程也会迫使他们“承认无产阶级是自己的先锋队而靠拢”⑤。因此，他们主张组建革命的“工农联盟”。之后，在《路易·波拿马的雾月十八日》（1851 年 12 月至 1852 年 3 月）中，马克思又再次强调了工农联盟的重要性，认为农民的支持会使无产阶级革命“形成一种合唱，若没有这种合唱，它在一切农民国度中的独唱是不免要变成孤鸿哀鸣的”⑥。

四是革命理想。关于革命理想，马克思早在《提纲》中就有所提及，只是没有展开论述，即用“人类社会”代替“市民社会”。这个“人类社会”到底是什么样子呢？在《哲学的贫困》中，马克思指出，阶级斗争的“最高表现就是全面革命”，终极目标是建立“一个消除阶级和阶级对抗的联合体来代替旧的市民社会”。⑦ 在这里，“人类社会”是消除了阶级与阶级对抗的联合体。然而，这只能说明“人类社会”不应是什么样子，那它的理想样态是什么呢？一年后，

---

① 《马克思恩格斯文集》第 2 卷，人民出版社 2009 年版，第 666 页。
② 《马克思恩格斯文集》第 2 卷，人民出版社 2009 年版，第 661 页。
③ 《马克思恩格斯文集》第 2 卷，人民出版社 2009 年版，第 458 页。
④ 《马克思恩格斯文集》第 2 卷，人民出版社 2009 年版，第 570 页。
⑤ 《马克思恩格斯文集》第 2 卷，人民出版社 2009 年版，第 89 页。
⑥ 《马克思恩格斯文集》第 2 卷，人民出版社 2009 年版，第 573 页。
⑦ 《马克思恩格斯文集》第 1 卷，人民出版社 2009 年版，第 655 页。

马克思、恩格斯在《宣言》中将其描述为“代替那存在着阶级和阶级对立的资产阶级旧社会的，将是这样一个联合体，在那里，每个人的自由发展是一切人的自由发展的条件”①。由此可见，马克思、恩格斯理想中的人类社会是一种“自由人联合体”，这也成为共产主义革命的终极理想。

五是革命步骤。尽管在《宣言》1872 年德文版序言中，马克思、恩格斯强调“第二章末尾提出的那些革命措施根本没有特别的意义。如果是在今天，这一段在许多方面都会有不同的写法了”②，但他们关于共产主义革命步骤的论述还是不容忽视的。这些步骤大致可以勾勒为：无产阶级夺取政权—剥夺剥削者—发展生产力—“自由人联合体”。在恩格斯看来，“无产阶级夺取政权”无法一蹴而就，因为“共产主义者为了本身的利益必须帮助资产阶级尽快地取得统治，以便尽快地再把它推翻”③。也就是说，无产阶级革命之前要经历资产阶级革命阶段。这一思想被马克思、恩格斯在《共产主义者同盟中央委员会告同盟书》（1850 年3 月）中，拓展为“不断革命”思想，即无产阶级及其政党的利益和任务是“不断革命”，直到“消灭私有制”“消灭阶级”“建立新社会”。此外，马克思还提出了“无产阶级专政”这一重要环节。德法两国的革命经验让他认识到“在革命之后，任何临时性的政局下都需要专政，并且是强有力的专政”④，“无产阶级的阶级专政”是“达到消灭一切阶级差别，达到消灭这些差别所由产生的一切生产关系，达到消灭和这些生产关系相适应的一切社会关系，达到改变由这些社会关系产生出来的一切观念的必然的过渡阶段”⑤。

六是革命范围。对于革命将在何种范围中爆发，马克思、恩格斯

---

① 《马克思恩格斯文集》第 2 卷，人民出版社 2009 年版，第 53 页。
② 《马克思恩格斯文集》第 2 卷，人民出版社 2009 年版，第 15 页。
③ 《马克思恩格斯文集》第 1 卷，人民出版社 2009 年版，第 692 页。
④ 《马克思恩格斯文集》第 2 卷，人民出版社 2009 年版，第 69 页。
⑤ 《马克思恩格斯文集》第 2 卷，人民出版社 2009 年版，第 166 页。

有着异乎寻常的乐观与执着。在他们看来，革命首先将会表现为一种全面的革命，不仅包括政治革命，而且包括社会革命，阶级斗争的“最高表现就是全面革命”。与此同时，革命还是一种世界的革命。恩格斯在《共产主义原理》（1847 年 10 月底至 11 月）一文中指出，“共产主义革命将不是仅仅一个国家的革命，而是将在一切文明国家里，至少在英国、美国、法国、德国同时发生的革命”①。正因此，两人在《宣言》中为世界革命作出了呼吁与安排，不仅号召“全世界无产者，联合起来”，而且叮嘱共产党人到处都要“努力争取全世界民主政党之间的团结和协调”。② 值得一提的是，世界革命还有另外一重内涵，即民族解放运动。“人类沿着横向线划分为阶级，沿着纵向线划分为民族”③，人类的压迫照此可分为阶级压迫与民族压迫。在欧洲，阶级压迫更为突出，无产阶级革命成为首要矛盾；在亚洲，民族压迫更为突出，民族解放运动成为首要矛盾。也因此，欧洲革命在 19 世纪 50 年代落入低谷之后，马克思、恩格斯便将目光转向了以印度与中国为重点的亚洲民族解放运动。

（三）丰富的革命理论不是凭空产生、悬空存在的，它们根植于马克思、恩格斯的革命实践活动

恩格斯在《共产主义者和卡尔·海因岑》中强调，“共产主义不是教义，而是运动。它不是从原则出发，而是从事实出发”④。的确，马克思、恩格斯的革命理论也不是凭空创造、悬空而在的，它们建基于马克思、恩格斯所从事过的革命实践活动。相对于异常丰富的革命理论而言，两人的革命实践活动则显得更为集中，主要体现在三大方面：

一是积极参与 1848 年欧洲革命。1848 年欧洲革命爆发后，马克

---

① 《马克思恩格斯文集》第 1 卷，人民出版社 2009 年版，第 687 页。

② 《马克思恩格斯文集》第 2 卷，人民出版社 2009 年版，第 66 页。

③ ［澳］伊恩·卡明斯：《马克思恩格斯与民族运动》，柯明译，湖北人民出版社 1983 年版，第 30 页。

④ 《马克思恩格斯文集》第 1 卷，人民出版社 2009 年版，第 672 页。

思、恩格斯回到德国，积极投身到革命事业当中。作为思想家、理论家的他们并不是直接奔赴战场、亲自参加战斗，而是以思想启发、情感鼓舞、策略指导、理论反思等形式间接地进行参与，其活动与成果亦主要体现在创建革命理论阵地、写作革命理论文章上。他们先是在科隆创办《新莱茵报。民主派机关报》（1848 年 5 月底 6 月初），并在其上发表大量有关革命事件与革命形势的报道、分析与评论。例如：马克思的《危机和反革命》（1848 年 9 月 13 日，102 号）、《资产阶级和反革命》（1848 年 12 月 11 日，169 号）等。《新莱茵报。民主派机关报》被迫停刊（1849 年 5 月）后，两人又在伦敦创办《新莱茵报。政治经济评论》（1849 年 12 月至 1850 年 11 月），并在其上发表大量总结革命经验、谋划革命策略的文章。例如：马克思的《1848 年至 1850 年的法兰西阶级斗争》（1849 年底至 1850 年 3 月底和 1850 年 10 月至 11 月 1 日）、恩格斯的《德国维护帝国宪法的运动》（1849 年 8 月中至 1850 年 2 月）、《德国农民战争》（1850 年夏）等。除此之外，恩格斯还详细梳理了德国革命的历史，写作了《德国的革命和反革命》（1851 年 8 月至 9 月）；马克思对法国政变进行了回应，写下了《路易·波拿马的雾月十八日》（1851 年 12 月至 1852 年 3 月）。就本意而言，他们希望通过办报及发文的形式对无产阶级革命进行宣传和组织，从而影响、干预、领导欧洲大陆的革命。然而，自德国三月革命失败开始，革命就已呈现颓势，到法国六月革命失败之后，革命形势更加恶化，以致各国反革命重新掌权、实现复辟。可谓“有心杀贼，无力回天”。正因此，他们的革命策略主要建基于对革命事件的事后分析上，或许也因此，他们革命理论的“事后解释的功能远远大于对革命前景和未来发展的预测和指导”①。1852 年之后，在革命无望的情况下，马克思重新回到政治经济学等研究中，恩格斯也重新回到欧门—恩格斯公司工作。这段革命经历看似短

① 彭宏伟、崔爽：《“革命”的非模式化解读——1848—1852 年马克思恩格斯政治文献研究》，中国人民大学出版社 2017 年版，第 24 页。

暂与单薄，但成为马克思、恩格斯总结革命经验、调整革命策略、修正革命理论的根据地。正如列宁所言："马克思和恩格斯参加1848—1849年的群众革命斗争的时期，是他们一生活动中最令人瞩目的中心点。他们从这一中心点出发来判定各国的工人运动和民主运动的成败。他们为了最明白最清楚地判定各个不同阶级的内在本性及其倾向也总是回过来研究这一中心点。他们总是从当年的革命时期出发来评价后来出现的较小的政治派别、政治组织、政治任务和政治冲突。"①

二是尝试创建无产阶级政党。无产阶级运动的发展需要坚强有力的政党领导。深谙此点的马克思、恩格斯对创建无产阶级政党进行了尝试、作出了努力。早在1846年初，两人就在布鲁塞尔创立了共产主义通讯委员会。1847年1月底，两人加入由流亡巴黎的德国手工业工人组成的正义者同盟，并于同年6月将其改组为以科学社会主义为理论指导的共产主义者同盟（以下简称"同盟"）。同年8月，马克思领导成立布鲁塞尔支部和区部，并当选支部主席和区部委员，通讯委员会停止活动。1848年前后，两人为同盟撰写理论与实践纲领《共产党宣言》。1848年3月，新的中央委员会在巴黎成立后，马克思当选中央委员会主席、恩格斯当选中央委员会委员。两人随即起草了同盟在德国革命中的行动纲领，即《共产党在德国的要求》（以下简称《要求》），并带领同盟及其《宣言》与《要求》回到德国参加革命。遗憾的是，同盟并未发展成为像《宣言》所描述的无产阶级政党，也没能实现如《要求》所注明的任何一项措施。事实上，它尚未被改造彻底便在1848年欧洲革命面前涣散停滞了。尽管后又重建中央委员会，但终究未能成大气候。1852年11月，马克思提议解散同盟，由此，存在五年之久的同盟经其创建者提议正式解散。可以说，共产主义者同盟是马克思、恩格斯创建无产阶级政党的初次尝试，但未能真正实现马克思主义与工人运动相结合的既定目标。可见，两人的最初建党实践虽难能可贵但并不成功。他们对此也持同样

① 《列宁专题文集·论马克思主义》，人民出版社2009年版，第140—141页。

认识，从其对同盟的定位变迁可见一斑。在19世纪四五十年代，两人视同盟为无产阶级政党，但到了六七十年代，则将其称为“秘密宣传团体”“共产主义者秘密团体”“纯粹宣传性的团体”等。

三是领导推动国际工人运动。马克思、恩格斯虽然没有成功地创建起无产阶级政党，但他们并没有因此而放弃参与和领导国际工人运动。1864年9月，国际工人协会（“第一国际”）在伦敦成立，作为创始人之一的马克思被推选为协会临时委员会委员，投身到国际工人运动之中。在他看来，“第一国际”是“各国工人团体进行联络和合作的中心”[①]，是各国创建无产阶级政党的准备，是工人阶级真正的战斗组织，是（半）社会主义宗派的代替品。[②] 马克思还为“第一国际”起草了“成立宣言”和“临时章程”两大纲领性文件，撰写了普法战争、法兰西内战等宣言，多次强调建立无产阶级政党、开展政治斗争、实行无产阶级专政等的重要意义。恩格斯也于1869年6月放弃了欧门—恩格斯公司的工作，全力以赴地投入国际工人运动之中。马克思逝世后，恩格斯还于1889年积极参与了社会主义国际（“第二国际”）的筹备工作。与此同时，马克思、恩格斯仍然认为，马克思主义与工人运动相结合的“最好的办法就是在每一个国家里建立一个无产阶级的政党”[③]，因此，他们并没有放弃创建无产阶级政党的想法和尝试。在他们的帮助与推动下，德国、丹麦、瑞士、美国、捷克、比利时、西班牙和法国等相继成立工人阶级政党。马克思逝世后，恩格斯又帮助和推动意大利、波兰、比利时、挪威、奥地利、瑞典、匈牙利、保加利亚、英国、罗马尼亚等国家建立了工人阶级政党。无产阶级运动逐渐从自发阶段走向了自觉阶段。

值得说明的是，马克思、恩格斯的革命理论与革命实践并非截然对立、毫不相干，它们紧密相连、相互推进，只是略有侧重、稍有不

① 《马克思恩格斯文集》第3卷，人民出版社2009年版，第227页。
② 《马克思恩格斯文集》第10卷，人民出版社2009年版，第367页。
③ 《马克思恩格斯文集》第3卷，人民出版社2009年版，第92页。

同，即革命理论是为革命实践服务的，革命实践才是最终的目的。换言之，研究革命理论是为了鼓舞和凝聚革命力量、认识和判断革命形势、制定和执行革命战略、总结和推广革命经验、加快和推动革命进程……最终取得革命胜利。这也是自谦为“第二小提琴手”的恩格斯将“出色的第一小提琴手”马克思定位为“首先是一个革命家”的关键原因所在。当然，参与革命实践、取得革命胜利，只是马克思、恩格斯两人的主观愿望，这种主观愿望囿于时代发展、阶级对比、社会惰性等各种因素，并未真正地、彻底地变为现实。简言之，马克思、恩格斯对理想世界的构建、对革命理论的研究、对革命实践的参与，为改变“现存世界”开辟了可能性空间，但并未真正实现无产阶级的解放，更勿提“普遍的人的解放”。之所以对马克思、恩格斯的革命理论与实践进行如此详尽的论述，是因为列宁是照此进行思考与行动的。

综上所述，马克思、恩格斯主要通过改变哲学观与世界观的形式改变着世界，以思想、理论与著述的方式影响着后人。正如法国哲学家、社会学家皮埃尔·布尔迪厄所言：“要改变世界，必须先改变建造世界的方式，亦即改变世界观，以及群体借以生产与再生产的实践性运作。”① 也如英国历史学家艾瑞克·霍布斯鲍姆所言：“卡尔·马克思，一个赤手空拳的预言家却激励了重大的变革，他的贡献是不可否认的。”② 实事求是地讲，尽管马克思、恩格斯拥有改变世界的强烈愿望，也进行了改变世界的理论探索，甚至提供了改变世界的诸多路径，但是他们并没有在现实生活中真正完成改变世界的政治抱负与社会理想。他们的革命理论与革命实践是一个尚未完成、有待续写的历史课题，而这一后继者、续写者便是列宁。

---

① 包亚明主编：《后现代性与地理学的政治》，上海教育出版社2001年版，第309页。

② 张晶：《马克思主义如何改变世界？——霍布斯鲍姆访谈》，《国外理论动态》2012年第1期。

第三节 列宁实现“使现存世界革命化”的政治哲学新转向

19世纪70年代中期，恩格斯在与俄国民粹主义革命家特卡乔夫的论战中指出，“任何一次真正的革命都是社会革命，因为它使新阶级占据统治地位并且让这个阶级有可能按照自己的面貌来改造社会”①。然而，这只是理论论述，马克思、恩格斯作为思想家，提出了革命的理论，但作为革命家却未能将其革命理论真正彻底地付诸实践：新的阶级并未占据统治地位，更谈不上按照自己的理想面貌来改造社会。如萨拜因所言，在马克思生前，“他所设想的社会革命从未成为一个现实的政治问题”②。接续与完成这一历史任务的是列宁，他在“取得统治权”的基础上对社会主义建设进行了初步探索。在这个意义上，列宁超越了“解释世界”的范畴，真正跨入了“改变世界”的阶段。

一 列宁对世界的解释大致遵循马克思主义的解释路径但并不拘泥于其具体结论

在托洛茨基看来，马克思绝不会再拥有像列宁这样忠实并与其和谐相融的读者，也不会再拥有比列宁更好、更具洞察力并满怀感激之心的门徒。③ 的确，列宁对马克思是极为推崇和褒扬的。他将马克思主义视为“马克思的观点和学说的体系”，认为其“极其彻底而严整”，是“世界各文明国家工人运动的理论和纲领”。④ 与此同时，列宁对恩格斯亦是满怀崇敬与赞美的。他将恩格斯视为马克思逝世后

---

① 《马克思恩格斯文集》第3卷，人民出版社2009年版，第393页。

② ［美］乔治·萨拜因著，托马斯·索尔森修订：《政治学说史·民族国家》（下），邓正来译，上海人民出版社2015年版，第569页。

③ ［俄］列夫·达维多维奇·托洛茨基：《列宁如何研究马克思》，来庆立编译，《当代世界与社会主义》2014年第3期。

④ 《列宁专题文集·论马克思主义》，人民出版社2009年版，第7页。

“整个文明世界中最卓越的学者和现代无产阶级的导师”[①]，将其称为“严峻的战士”和“严正的思想家”、俄国革命者“最好的朋友”。至于马克思与恩格斯的关系，列宁更是不吝溢美之词，将之赞叹为“超过了古人关于人类友谊的一切最动人的传说”[②]。列宁何以对马克思、恩格斯产生此般信仰式的认可呢？这恐怕不能仅仅归功于马克思、恩格斯超凡的人格魅力。在列宁看来，两人具有世界历史意义的伟大功绩，“他们教会了工人阶级自我认识和自我意识，用科学代替了幻想”[③]。此处的“科学”既指科学的结论，又指科学的分析。具体而言，是指马克思、恩格斯“用科学的分析证明了，资本主义必然崩溃，资本主义必然过渡到不再有人剥削人现象的共产主义”[④]。此外，马克思、恩格斯兼具“学者和战士”的双重身份与双重作用，也让列宁倍感激动并深表赞同，仿佛找到了导师、同伴与知己。一言之，在马克思、恩格斯那里，列宁找到了革命的确定性。

正因此，列宁对世界的解释大致遵循了马克思主义的解释路径，只是在解读视角与内容抓取方面更为侧重“革命”与“阶级斗争”。例如：他将新唯物主义称为“革命唯物主义”“革命辩证法”，将改变世界的活动界定为“革命实践活动”，认为旧唯物主义的根本缺陷之一就在于未能理解与评价革命实践活动。[⑤] 又如：他在为《格拉纳特百科词典》撰写的词条《卡尔·马克思》中，用“哲学唯物主义”“辩证法”“唯物主义历史观”“阶级斗争”四个概念概述了马克思的世界观，后又对“无产阶级阶级斗争的策略”进行了专门分析。再如：他将马克思、恩格斯的学说视为“革命理论的牢固基础”，认为它意在说明阶级斗争存在的不争事实、无产阶级斗争的现实必要以及社会党人组织无产阶级斗争、由无产阶级夺取政权并组织社会主义社

① 《列宁专题文集·论马克思主义》，人民出版社 2009 年版，第 51 页。
② 《列宁专题文集·论马克思主义》，人民出版社 2009 年版，第 58 页。
③ 《列宁专题文集·论马克思主义》，人民出版社 2009 年版，第 53 页。
④ 《列宁专题文集·论马克思主义》，人民出版社 2009 年版，第 81 页。
⑤ 《列宁专题文集·论马克思主义》，人民出版社 2009 年版，第 33 页。

会的历史任务。[①] 无数证据表明，列宁在革命阶级、革命政党、革命同盟、革命理想、革命步骤、革命范围等几乎马克思、恩格斯所观照的革命理论的所有方面，均有所涉及、遵循与推进。除此之外，列宁在唯物认识论、唯物辩证法、“两个必然”、国家理论、阶级分析、工农联盟、合作社等诸多方面，也有所坚持和发展。大体上说，列宁是认可并遵循马克思、恩格斯解释世界的方式与样态的。

尽管如此，列宁对马克思主义并不是盲从盲信的，他并不拘泥于马克思主义的具体结论，而是根据时间、地点、情形的变化而具体地运用、创造与发展。例如：他提出，将“工人”惯指为“工厂无产阶级”是不对的，这种提法虽然与马克思的说法相符合，但是，马克思所说的是15世纪以来的整个资本主义，而不是20世纪初的俄国。就俄国现时的情况而言，“进工厂的常常不是无产者，而是各式各样的偶然碰上机会的人”和“逃避打仗的人”。[②] 因此，将“工人”惯指为“工厂无产阶级”，适用于之前500年资本主义国家，但不适用于现时的俄国。又如：他强调，“我们决不把马克思的理论看做某种一成不变的和神圣不可侵犯的东西；恰恰相反，我们深信：它只是给一种科学奠定了基础，社会党人如果不愿落后于实际生活，就应当在各方面把这门科学推向前进。我们认为，对于俄国社会党人来说，尤其需要独立地探讨马克思的理论，因为它所提供的只是总的指导原理，而这些原理的应用具体地说，在英国不同于法国，在法国不同于德国，在德国又不同于俄国”[③]。再如：他批评，“只有不可救药的书呆子，才会单靠引证马克思关于另一历史时代的某一论述，来解决当前发生的独特而复杂的问题”。[④] 总而言之，在列宁看来，要根据时代、国情、形势的变化而选取内容、灵活运用并向前发展。一言之，马克思主义是行动指南而非理论教条。在这种马克思主义观指导下，

---

① 《列宁专题文集·论马克思主义》，人民出版社2009年版，第94—95页。

② 《列宁选集》第4卷，人民出版社2012年版，第690页。

③ 《列宁选集》第1卷，人民出版社2012年版，第274—275页。

④ 《列宁选集》第1卷，人民出版社2012年版，第162页。

列宁为马克思主义的发展作出了不可磨灭的贡献，他提出了意识形态灌输论、哲学的党性原则、帝国主义理论、一国胜利论、社会主义建设理论、无产阶级执政党执政与建设理论等一系列极具原创性与现实性的思想理论。

二　列宁对世界的改变主要分为社会主义革命与社会主义建设两大阶段

1883 年，恩格斯在致菲力浦·范派顿的信件草稿中写道：“为了达到未来社会革命的这一目的以及其他更重要得多的目的，工人阶级应当首先掌握有组织的国家政权并依靠这个政权镇压资本家阶级的反抗和按新的方式组织社会。”① 这段话像预言一般地道出了列宁改变世界的两个阶段，即十月革命之前的社会主义革命阶段与十月革命之后的社会主义建设阶段。前一阶段创造性地发展了马克思主义的革命理论，后一阶段开创性地发展了马克思主义的建设理论。

（一）就社会主义革命阶段而言，列宁的主要工作是研究革命理论、宣传革命思想、组织革命力量，最终取得了十月社会主义革命的胜利

早在 1914 年，列宁就将无产阶级革命策略概述为“一方面要利用政治消沉时代或龟行发展即所谓‘和平’龟行发展的时代来发展先进阶级的意识、力量和战斗力，另一方面要把这种利用工作全部引向这个阶级的运动的‘最终目的’，并使这个阶级在‘一天等于二十年’的伟大日子到来时有能力实际完成各项伟大的任务”②。可以说，这既是列宁对 1914 年之前革命准备的总结，又是对 1914 年之后革命行动的嘱咐。历史证明，这种总结是符合事实的，这种嘱咐也是切实有效的。自 1887 年，17 岁的列宁参加学潮被开除学籍开始，至 1917 年，47 岁的列宁领导十月革命取得胜利，其间整

① 《马克思恩格斯文集》第 10 卷，人民出版社 2009 年版，第 506 页。

② 《列宁专题文集·论马克思主义》，人民出版社 2009 年版，第 34 页。

整30年。在这漫长的30年间，列宁围绕“夺取政权”大致做了三类工作。

一是研究革命理论。在列宁看来，马克思主义是“从世界各国的革命经验和革命思想的总和中生长出来的”，是“革命的理论”。[①] 因此，他格外重视学习和研究马克思、恩格斯有关革命的思想，先后攻读了《资本论》《共产党宣言》《英国工人阶级状况》《家庭、私有制和国家的起源》等大量著作，对两人的生平与思想如数家珍。同时，他写下了《俄国资本主义的发展》《怎么办?》《唯物主义与经验批判主义》《论民族自决权》《谈谈辩证法问题》《帝国主义论》《国家与革命》等一系列对社会主义革命产生历史引领作用的著作。值得强调的是，列宁对马克思主义的研究并不是纯学术、纯理论的，而是与时代发展、俄国现实紧密相连的。正因此，他破天荒地提出“社会主义可能首先在少数甚至在单独一个资本主义国家内获得胜利”[②]，后又补充性地提出“社会主义不能在所有国家内同时获得胜利。它将首先在一个或者几个国家内获得胜利，而其余的国家在一段时间内将仍然是资产阶级的或资产阶级以前的国家”[③]。为了取得这种胜利，不仅要进行经济斗争，更要进行政治斗争。在这种革命理论指导下，列宁领导布尔什维克组织发动十月社会主义革命并建立了新型的社会主义国家与社会主义制度。

二是宣传革命思想。革命思想与人民群众之间存在一个“承认”环节。如何使革命思想取得人民群众的“承认”呢？马克思、恩格斯在这方面做得并不成功，他们未能将马克思主义与工人运动卓有成效地结合起来，这也是其未能完成革命首要任务（“夺取政权”）的社会根源所在。列宁在此方面进行了可圈可点的探索，主要做法包括：通过与民粹派、“合法马克思主义”、以伯恩施坦为代表的第二国际修正主义、党内经济主义、孟什维克的取消派与布尔

① 《列宁专题文集·论马克思主义》，人民出版社2009年版，第298页。

② 《列宁专题文集·论社会主义》，人民出版社2009年版，第4页。

③ 《列宁专题文集·论社会主义》，人民出版社2009年版，第8页。

什维克的召回派等党内外错误思潮进行“论战”，逐渐获取了党内外意识形态领域的话语权与领导权；通过马克思主义思想理论“灌输”，逐渐占领了广大人民群众的思想领地，获得他们的理解与支持；通过《火星报》《前进报》《无产者报》《新生活报》《社会民主党人报》《真理报》等报纸的创办或编辑，发出革命先声、凝聚革命力量、引领革命走向；等等。一言之，列宁通过著述、论战、办报、演说等形式，较为成功地占领了无产阶级和广大人民群众的思想领地，使马克思主义的革命思想与人民群众的革命行动有效地结合在了一起。

三是组织革命力量。列宁在1904年的《进一步，退两步（我们党内的危机）》中断言，“无产阶级在争取政权的斗争中，除了组织，没有别的武器”①。如其所言，政党建设是列宁组织革命力量的关键依托与重要法宝。在他看来，要想取得无产阶级革命的胜利，就要建立新型的无产阶级政党。这种政党要以马克思主义为指导思想，以民主集中制为组织原则，通过“政治消沉时代”的力量积蓄与“一天等于二十年”形势下的暴力革命，夺取国家政权，实现无产阶级专政，建设社会主义新型国家与新型社会。除了以民主集中制为组织原则以外，列宁还特别强调，无产阶级政党要以职业革命家为领导核心，以严密的组织与铁的纪律为根本保障，当前斗争与长远目标相结合，等等。在革命力量的组织过程中，仅有无产阶级政党这一“无产阶级先锋队”是不够的，因此，列宁还十分强调军队与工会的力量。正是在革命力量的有效组织之上，列宁高瞻远瞩、力排众议，抓住了革命机遇，取得了革命胜利。

（二）就社会主义建设阶段而言，列宁的主要工作是争取社会主义建设的和平环境、寻找社会主义建设的可行路径、反思社会主义建设的成败得失，为社会主义建设留下了宝贵经验和理论遗产

如果说，马克思主义是作为血肉深度融合在列宁后期政治哲学

---

① 《列宁专题文集·论无产阶级政党》，人民出版社2009年版，第158页。

思想之中，那么，俄国现实问题则是作为骨架稳固构筑起列宁后期政治哲学思想的整体。十月革命之后，列宁由革命党领袖跃升为执政党领袖，其面临的总问题由“如何在落后的俄国取得社会主义革命的胜利”转变为“如何在落后的俄国建设世界上尚未现实存在的社会主义”。简言之，由“国家与革命”转变为“国家与建设”。这一总问题又因现实条件的变化而先后分为三大子问题：“如何巩固革命成果”“如何管理新型国家”以及“如何建设新型社会”。关于如何建设社会主义这一问题，马克思、恩格斯囿于革命进程而鲜有涉及，从这个意义上说，列宁在十月革命之后所从事的社会主义建设事业是马克思、恩格斯社会主义革命事业的真正继续，是“普遍的人的解放”的俄国路径探索。其主要做法亦可大致归为三类。

一是争取社会主义建设的和平环境。顺利开展社会主义建设的首要条件是拥有一个相对和平的环境，但十月革命之后的俄国并不具备这一首要条件：先是囿于第一次世界大战，付出巨大代价退出第一次世界大战之后不久，又相继面临国外武装干涉与国内武装叛乱。这先后发生的战争一再打断列宁对社会主义建设的思考与实践，事实上，在国内战争基本结束之前，“如何争取社会主义建设的和平环境”成为列宁生命后期的思考主题与实践目的。具体而言，为了退出第一次世界大战，列宁作出了艰苦努力：起草《和平法令》，向各交战国提出停战谈判；争取党内统一，向各反对派阐述签约利弊；签订《布列斯特和约》，说服全党转变工作重心。第一次世界大战的退出，为久战兵疲的俄国赢得了宝贵的“喘息”时机。然而，这一“喘息”时间极为短暂，国外武装干涉与国内武装叛乱随即风起云涌、直逼政权，打断了列宁恢复经济的社会主义建设计划。为了集中有限的人力、物力、财力保卫新生的苏维埃政权，列宁提出一系列非常主张、采取一系列权宜措施：加快组建红军，将工作重心再次转移到战争与军事方面；颁布一系列战时共产主义政策，一切服从战争的安排与胜利。事实证明，这些措施是颇有成效的，国内外战争在持续将近六年之后终于告一段落。这意味着经过艰苦卓绝的斗争，以列宁为首的布尔什维克党不仅建立了苏维埃政权和社会主义国家，而且为苏维埃政权和社会主义国家建设争取到了“生存与和平发展的权利”①。

二是寻找社会主义建设的可行路径。争取到社会主义建设的和平环境之后，就基本清除了社会主义建设的外部干扰因素，但这并不意味着社会主义建设就此可以顺利地展开了。历经六年之久的国内外战争，苏维埃俄国内部积攒了大量一触即发的内部矛盾，这些内部矛盾随着战时共产主义政策的沿用被引爆，最终致使苏维埃共和国再次陷入国内全面危机之中。这一全面危机主要表现在：工农生产双重衰落致使经济陷入严重危机；群众不满情绪堆积导致社会发生严重动荡；经济社会危机恶化使得政权遭遇严重动摇。概言之，将战时共产主义政策当作向共产主义直接过渡的便捷之法继续加以推行的直接后果便是，苏俄经济危机的恶化、社会危机的加剧与政治危机的爆发。此时，摆在列宁面前的首要问题便成了克服经济危机引发的社会危机与政治危机，其实质是寻找经济文化相对落后国家通往社会主义的可行之路。如其所言，“1921 年春天形成了这样的政治形势：要求必须立刻采取迅速的、最坚决的、最紧急的办法来改善农民的生活状况和提高他们的生产力”②，并以此促进工人生活的改善、国民经济的恢复与无产阶级政权的巩固。为此，开始改行新经济政策。新经济政策的实施使危机中的苏俄逐渐恢复过来，转向社会主义建设的正轨。

三是反思社会主义建设的成败得失。触及政权的全面危机不仅促使列宁改变了社会主义的路径选择，更触发了他对社会主义建设的整体反思。这种整体反思建立在社会主义实践经验基础之上，因此，带着更少的幻想性、理想性与更多的现实性、可行性。如英国著名政治

---

① 《列宁选集》第 4 卷，人民出版社 2012 年版，第 734 页。

② 《列宁专题文集·论社会主义》，人民出版社 2009 年版，第 215 页。

学家约翰·格雷所言："政治哲学的任务不是给实践提供基础。它在过去从来不曾有过这样的基础，尽管人类偶尔会以某种方式找到。政治哲学的目标是带着更少的幻想回到实践。"① 照此思路来看，如果说，1917 年十月革命之后，列宁带着社会主义理想回到实践；那么，1921 年春天之后，列宁则是带着"更少幻想"的社会主义理想重新回到实践。他开始强调个人物质利益与专人负责原则，开始提倡地方首创精神与群众创造活力，开始立足既有基础与顺应发展规律，开始注重自我革命与社会革命，开始建立工农与城乡的经济联盟，开始学习并利用资本主义发展成果，等等。总而言之，共产主义不再仅仅作为一种政治理想与理论形式而存在，而且拥有了其具有可行性的现实实践探索形式。因此，可以说，列宁后期政治哲学思想不但具有显著的实践转向，而且这种实践转向带有显著的时代性、现实性与生活性。

值得说明的是，列宁既不是实践概念的创始人，也不是将实践纳入政治哲学思考的第一人。"实践"之所以能够成为凸显其政治哲学思想特质的核心概念，不仅是因为他接续马克思、恩格斯的革命事业，将科学社会主义从理论付诸实践，而且是因为他成功打破资本主义"一统天下"的局面，勾勒出社会形态"一球两制"的图景，② 从整体上改变了世界格局，从本质上影响了历史走向。从这个意义上说，列宁的实践可谓"惊天动地"，列宁对世界的改变亦可谓"开天辟地"！

此外，列宁后期政治哲学的实践转向表明，政治哲学家可依据其研究目的、与权力的关涉程度、对现实的影响效用等因素分为"思想型政治哲学家"与"实践型政治哲学家"，或称"学术型政治哲学家"与"政治型政治哲学家"。前者以思想的方式介入政治，由于与权力无涉或涉及较少，其理论思索只能在很小程度上（间接地或逐渐

---

① ［英］约翰·格雷：《自由主义的两张面孔》，顾爱彬、李瑞华译，江苏人民出版社 2002 年版，第 184 页。

② 李崇富：《谈谈列宁主义》，社会科学文献出版社 2018 年版，第 1 页。

地）影响政治实践；后者以行动的方式介入政治，由于与权力关系紧密，因此其理论思索不仅直接来源于实践而且直接指向实践，对现实政治产生重大甚至是决定性的影响。从这个意义上来说，列宁是当之无愧的“实践型政治哲学家”与“政治型政治哲学家”，其政治哲学具有强烈的实践性且颇具开创意蕴的实践性。

第二章　列宁后期政治哲学的核心概念

摸索到列宁后期政治哲学的“来龙”之后，我们将进入其“庐山真面目”的探讨之中。由上文可知，列宁后期政治哲学的主题是“国家与建设”。那么，围绕“国家与建设”，列宁进行了哪些开创性尝试，又提出了哪些创见性思想呢？从本章开始，我们将从“概念”与“命题”两个层面，对其主要内容进行阐释说明。之所以从“概念”与“命题”入手，而不是分“条块”与“类别”，一方面是因为列宁后期政治哲学因生活而起、随实践而变、受他者制约，严格地说，并不是分条缕析、分门别类、自成系统、浑然一体的；另一方面是因为在特定的历史情境中，“概念”的变迁与“命题”的提出，往往昭示着现实政治的变化，也往往更能反映政治哲学的整体样貌。因此，采用“概念”与“命题”的形式，更能凸显其特质、凝练其精华、表征其全貌。

第一节　基础性概念

“政治”与“哲学”这两大概念，虽称不上列宁后期政治哲学的核心概念，但它们作为基础性概念，构成了列宁后期政治哲学的理论基石与思想底色。也就是说，列宁后期政治哲学的所有概念与全部命题都是以此为先验前提而铺展开来的。因此，不但不可不察，而且要细察与深察。

一　政治：超越“政权”的“大政治观”

社会主义革命时期，列宁所秉持的是以“政权”为核心的狭义政治观。他认为，“政治就是各阶级之间的斗争”[①]，“只有当阶级斗争不仅发展到政治领域，而且还涉及政治中最本质的东西即国家政权的机构时，那才是充分发达的、‘全民族的’阶级斗争”[②]，“斗争的最终目的是由无产阶级夺取政权和组织社会主义社会”[③]。这些观点基本代表了社会主义革命时期列宁对政治的总体看法，即政治就是通过无产阶级斗争实现无产阶级专政以组建社会主义社会。社会主义建设时期，列宁对“政治”的认识超越了狭义范畴，呈现出内涵丰富的“大政治观”认识格局。

（一）谁是政治的主角

谁是政治的主角？是政党，是阶级，还是人民？十月革命之后的列宁将人民推上政治舞台的中心，将人民视为政治的起源，将阶级关系视为政治的关键，提出“政治应该是人民的事”的经典观点。一言之，其对政治主角的定位带有浓郁的人民意蕴。

首先，人民是政治的原初起点与创造主体。列宁从政治源头的角度提出，“哪里有千百万人，哪里才是政治的起点”[④]，“只有群众才能创造真正的政治”[⑤]，将“数以千百万计的群众”视为政治的原初起点与创造主体。正因此，尽管列宁主张由无产阶级先锋队——无产阶级政党代为掌管政权，但从未忘记，无产阶级政党的权力是由人民赋予的，人民才是真正无限力量的来源，因此，“政治应该是人民的事”[⑥]。如其所言，“具有优秀精神品质的是少数人，而决定历史结局的却是广大群众，如果这些少数人不中群众的意，群众有时就会对他

① 《列宁专题文集·论社会主义》，人民出版社 2009 年版，第 176 页。
② 《列宁选集》第 2 卷，人民出版社 2012 年版，第 323 页。
③ 《列宁专题文集·论马克思主义》，人民出版社 2009 年版，第 96 页。
④ 《列宁选集》第 3 卷，人民出版社 2012 年版，第 446 页。
⑤ 《列宁全集》第 24 卷，人民出版社 2017 年版，第 69 页。
⑥ 《列宁选集》第 4 卷，人民出版社 2012 年版，第 308 页。

们不太客气"[①]，"先锋队只有当它不脱离自己领导的群众并真正引导全体群众前进时，才能完成其先锋队的任务"[②]。以此来强调无产阶级先锋队代表和满足无产阶级和劳动群众需求与利益的必要性、重要性。

其次，工农关系是政治的主要内容与决定因素。列宁批判"政治就是各阶级之间的斗争"的旧政治观念，认为秉承这种观念就会在社会主义建设中犯严重错误，进而提出"政治就是阶级之间的关系——这一点决定着共和国的命运"[③] 的新政治观念，将占人民群众大多数的工农阶级之间的关系视为政治的内容，强调工农联盟的政治意义、主张巩固工农联盟。之所以将"阶级关系"上升到政治高度，是因为俄国现实揭示了"阶级关系"在社会主义建设与无产阶级政权巩固中的重要作用。具体而言，一是关乎社会的稳定，工农关系的破裂导致农民暴动、工人骚动，加剧了社会冲突；二是关乎经济的发展，工农关系的破裂导致农业减产、工业衰落，造成了经济危机；三是关乎政权的稳定，工农关系的破裂引发喀琅施塔得事件，动摇了政治统治。当然，最为重要的是"阶级关系"关乎广大劳动群众的福祉。因此，列宁指出，"政治就是阶级之间的关系"的实质在于政治就是广大人民群众的利益，而广大人民群众的利益决定了社会稳定、经济发展与政权巩固。也因此，列宁断言，"阶级之间的关系——这一点决定着共和国的命运"。其实，"阶级之间的斗争"主要指工人阶级、劳动群众与地主阶级、资产阶级的斗争，"阶级之间的关系"主要指工人阶级与农民阶级之间的关系。两者在内容上非但不矛盾，而且是互补关系，只是由于时代任务的不同而具有了相异的历史地位。

（二）政治是否有涉经济

政治与经济之间是什么关系？是等同，是有关，还是无涉？关于这一问题，列宁批判了资产阶级世界观中政治脱离经济的观念，提出

---

① 《列宁选集》第 4 卷，人民出版社 2012 年版，第 679 页。

② 《列宁选集》第 4 卷，人民出版社 2012 年版，第 646 页。

③ 《列宁选集》第 4 卷，人民出版社 2012 年版，第 459 页。

了“政治是经济的集中表现”[①]、政治上层建筑归根结底为生产服务、“经济方面的政治”、经济危机是最大的政治危机等一系列观点与论述，为政治概念增添了经济内涵、为政治问题展开了经济视角。具体包括以下方面。

一是从经济层面定义政治概念，提出转向“经济方面的政治”。列宁将社会主义建设时期的政治进行了二重划分：一是政治方面的政治，即巩固苏维埃政权，也即“无产阶级为争取解放而与世界资产阶级进行斗争”，“粉碎资产阶级制度遗留下来的东西，粉碎整个资产阶级一再想消灭苏维埃政权的尝试”；二是“经济方面的政治”，即建设苏维埃政权，也即使政权服务于生产，满足“劳动人民的需要”。[②] 列宁强调，在苏维埃政权建立与巩固之后，要从“政治方面的政治”转向“经济方面的政治”。用列宁自己的话来说，就是“从事国家的经济建设，收获更多的粮食，开采更多的煤炭，解决更恰当地利用这些粮食和煤炭的问题，消除饥荒，这就是我们的政治”[③]。除了直接的经济建设之外，列宁指出包括民主在内的整个政治上层建筑归根到底是为生产服务的。这突破了以“政权”为核心的狭义政治观，为政治概念增添了经济内涵。

二是从经济视角看待政治危机，提出经济危机是最大的政治危机。列宁提出，“政治是经济的集中体现”，“政治同经济相比不能不占首位”[④]。列宁将政治置于经济之前进行考虑，但并没有放弃以经济视角切入看待政治问题。1921 年春，以喀琅施塔得事件为标志的危及布尔什维克统治的政治危机发生之后，列宁将其视为“最大的——政治危机”[⑤]。在分析这一政治危机的根源时，列宁清晰地看到了隐藏在政治危机之后的经济危机，清楚地认识到若想解决政治危

---

① 《列宁选集》第 4 卷，人民出版社 2012 年版，第 407 页。
② 《列宁选集》第 4 卷，人民出版社 2012 年版，第 308—309 页。
③ 《列宁选集》第 4 卷，人民出版社 2012 年版，第 308—309 页。
④ 《列宁选集》第 4 卷，人民出版社 2012 年版，第 407 页。
⑤ 《列宁选集》第 4 卷，人民出版社 2012 年版，第 719 页。

机就必须首先从经济方面入手。于是，提出了“以粮食税代替余粮收集制”为切入点与主要内容的新经济政策。在列宁看来，“以粮食税代替余粮收集制”“首先而且主要是一个政治问题”，其本质在于工人阶级如何对待农民；[①] 领会和执行新经济政策是党和苏维埃全体工作人员当时的基本政治任务。如果不能采取新经济政策解决经济危机，则会面临“灭亡的危险”。这就为政治问题的分析展开了包括经济视角在内的更为广阔的视角。

三是以经济手段实现政治理想，提出“同个人利益相结合”。尽管列宁将“经济方面的政治”视为社会主义建设时期的优先任务，但这并不意味着他忘记了“政治方面的政治”的最终理想，即建设社会主义、走向共产主义。事实上，“经济方面的政治”正是通向“政治方面的政治”最终理想的手段与途径。在反思社会主义直接过渡所导致的严重挫折时，列宁领悟到单凭群众的政治热情、军事热情无法完成经济任务，“不能直接凭热情，而要借助于伟大革命所产生的热情，靠个人利益，靠同个人利益的结合，靠经济核算，在这个小农国家里先建立起牢固的桥梁，通过国家资本主义走向社会主义”[②]，否则就不能达到共产主义，不能将千百万人引导到共产主义。这就将政治理想的实现注入了符合人性需求的经济动力，也为政治理想的实现指出了至关重要的经济路径。

（三）政治是否可以习得

政治能否通过知识与本领的方式展现呢？政治知识与政治本领是否可以习得？它们又是如何获得、如何提升与如何保障的？在列宁看来，政治可以通过学习来获得、通过教育来提升、通过文化来保障。“学习”是个体主动寻求，“教育”是个体被动接受，“文化”是个体基本素养。这些观点从主客体、内外部方面拓展了政治内涵的文化维度。主要包括三方面内容。

---

① 《列宁选集》第 4 卷，人民出版社 2012 年版，第 444 页。

② 《列宁选集》第 4 卷，人民出版社 2012 年版，第 570 页。

其一，政治是一门科学、一种艺术，需要学习。列宁指出，“政治是一门科学，是一种艺术，它不是从天上掉下来的，不费力是掌握不了的”[①]。如何掌握这门科学、成就这种艺术呢？列宁的答案是“学习”。学习什么？列宁尤其强调学习“经济方面的政治”。如何学习呢？列宁提出，向专家学习、向资本家学习、向劳动者学习，从失败的经历中学习、从实际的经验中学习，重新学习、安心学习、认真学习、长期学习，年复一年地学习、抽出时间来学习。总之，“只要愿意学习，就一定能够学会”[②]。这种通过学习来获得政治知识和政治本领的独特认识，为政治理想的实现提供了践行思路。

其二，教育不能不问政治，教育不能脱离政治。列宁在 1920 年 11 月 3 日召开的全俄省、县国民教育局政治教育委员会工作会议上，集中而深刻地论述了政治与教育的关系。他指出，教育是无产阶级专政更为重要的作用，教育不能不问政治，教育不能脱离政治。此处的“政治”兼具“政治方面”与“经济方面”。列宁认为，在苏维埃政权得到巩固之后，政治教育更应当围绕经济建设而展开。为此，需要建立一支能够紧密联系党的思想、能够贯彻党的精神、能够团结工人群众的新教育大军；需要进行以切实指导国家建设为宗旨的宣传鼓动工作；需要帮助群众克服旧制度遗留下来的旧习惯、旧风气、旧思想，将其培养成为真正的共产主义者。

其三，政治是文化的先导，同时，也需要文化来保障。列宁绘制的社会主义思想路线与实践路径可以简要勾勒为“政治—经济—文化”。基于此，在建立无产阶级专政、改行新经济政策之后，列宁将“文化革命”任务提上日程。他认为，尽管无产阶级已经掌握政权，具备直接向社会主义社会过渡的政治前提，但是俄国民众的文明程度却远远无法支撑起这种直接过渡。换言之，尽管政治和社会变革成为文化变革、文化革命的先导，但文化并没有为政治提供必要保障。因

① 《列宁选集》第 4 卷，人民出版社 2012 年版，第 189 页。
② 《列宁选集》第 4 卷，人民出版社 2012 年版，第 655 页。

此，列宁将“在农民中进行文化工作”视为两个划时代的主要任务之一，不仅希望以此实现“合作化”的经济目的，同时希望以此达到“在社会主义基地上站稳脚跟”的政治目标。① 也就是说，在列宁看来，政治是文化的先导，同时，政治也需要文化来保障。

综上可见，列宁后期政治哲学语境中的“政治”概念，不仅道出了政治的起点、主体、新意与方法，而且阐明了政治与经济、政治与文化的相互关系；不仅从属于理论构建，而且隶属于现实实践。这些观点与内容共同构成一幅内涵广阔、意义深远的“大政治观”图景。

二　哲学：富于“战斗”的“唯物主义”

列宁认为，“马克思主义是唯物主义”②，但这种唯物主义的特别之处在于，它既是“辩证的”，又是“历史的”。因此，他经常用“辩证唯物主义”和“历史唯物主义”来代称马克思主义哲学，并用“革命思想史上迈出的天才的一步”③ 来形容马克思、恩格斯的理论创造。对富于创造而又热衷实践的列宁来说，他不会仅仅满足于重复与坚持这种科学世界观，让他更感兴趣的是将这种科学世界观运用于实践活动。正因此，他在“辩证唯物主义”与“历史唯物主义”的基础上，提出了“战斗唯物主义”概念，赋予“唯物主义”④ 以战斗属性与战斗使命，在革命思想史上迈出了天才的“又一步”。如果说，马克思、恩格斯所创造的“唯物主义”是“历史”的和“辩证”的；那么，列宁在此基础上所改造的“唯物主义”便是“战斗”的。

（一）“战斗唯物主义”为何冠名战斗

“战斗”是列宁较为钟爱的一个词语，即便在十月革命之后，也以较高频率出现在诸多语境当中，只是指向存在些许不同。就语境而

① 《列宁选集》第4卷，人民出版社2012年版，第773页。

② 《列宁专题文集·论辩证唯物主义和历史唯物主义》，人民出版社2009年版，第333页。

③ 《列宁专题文集·论马克思主义》，人民出版社2009年版，第75页。

④ 此概念包含“辩证唯物主义”和“历史唯物主义”。

言，列宁较为常用的搭配包括："战斗（着）的无产阶级""战斗（着）的政党""战斗的马克思主义""战斗组织""战斗号召""战斗信号""战斗任务""战斗决心""战斗力量""战斗策略""战斗行列""战斗机关""战斗职能""并肩战斗""参加战斗""学会作战""投入战斗""起来战斗"，等等。列宁甚至将"战斗"视为无产阶级政党在战争年代的理想，指出"在国内战争时代，无产阶级政党的理想，就是要成为战斗的党"①。就词性而言，"战斗"不仅是表示状态、属性与特征的形容词，而且是表示目的、手段与过程的动词，甚至是可以单独存在的名词。就指向而言，十月革命之前与国内战争期间，"战斗"主要指向军事与政权层面，多指"自己"与"敌人"之间的战斗；新经济政策时期，则更为偏重思想与经济层面，不仅包括劳动与资本之间的斗争，而且包括政党与国家机关内部的自我革命。

在这些关于"战斗"的论述中，有两处尤为值得关注。一处是列宁在《怎么办?》中所提出的"战斗的马克思主义"一说，但此处并没有展开详细论述。另一处是列宁在《马克思主义和修正主义》（1908 年 4 月 3 日［16 日］以前）中对马克思主义 60 年战斗历程所作的回顾与总结。在这篇文章中，列宁将马克思主义诞生之后的战斗历程大致划为两大进路：第一大进路是"马克思主义的发展"；第二大进路则是"马克思主义思想在工人阶级中的传播和扎根"。② 后一种进路成为马克思主义屡遭攻击与打压的主要原因。因为马克思主义这种科学的、批判的、革命的理论一旦掌握工人阶级群众，就会像马克思所断言的那样，成为唯一能够摧毁物质力量的物质力量。也如列宁所言，"思想一旦掌握群众，就变成力量"③。在生死存亡之间，旧势力和资产阶级就会拼尽全力去攻击和打压马克思主义，使得马克思

① 《列宁选集》第 1 卷，人民出版社 2012 年版，第 695 页。

② 《列宁专题文集·论马克思主义》，人民出版社 2009 年版，第 148—149 页。

③ 《列宁选集》第 3 卷，人民出版社 2012 年版，第 321 页。

主义“在其生命的途程中每走一步都得经过战斗”[①]。因此，“战斗”是由马克思主义自身的属性和所处的环境所共同决定的。

由上可见，列宁冠“唯物主义”以“战斗”二字并不奇怪。从列宁本人来说，“战斗”是其短暂一生的真实写照，是其精神样貌与生命姿态的精准概括。“战斗唯物主义”是列宁“战斗”语境向哲学领域的自然延伸。从马克思主义本身来说，“战斗”是马克思主义自身的内在属性，是马克思主义思想掌握工人阶级群众的必然要求。“战斗唯物主义”是马克思主义抢占思想理论新领地、夺取意识形态斗争新胜利的现实需要。总之，以“战斗”来冠名“唯物主义”，不仅表现出“唯物主义”在思想理论战线上所秉承的毫不妥协的态度与精神，而且表现出“唯物主义”在意识形态领域中所担负的当仁不让的责任和使命。

（二）“战斗唯物主义”为何进行战斗

正如列宁所言，马克思主义在其生命的途程中每走一步都得经过战斗。同样，马克思主义在俄国传播与发展的历程也是通过战斗而实现的。当马克思主义传入俄国的时候，国内原本存在的思想流派，纷纷对其进行了围观，从中选取了自己需要的内容，对其进行了切中己意的解读。起初，列宁也是其中一员，但在与民粹主义、“合法马克思主义”、经济主义、修正主义、“早期正统马克思主义”等社会思潮斗争过程中，他逐渐成长为坚定的马克思主义者及其忠实捍卫者。可以说，马克思主义俄国化的历程，不仅呈现为马克思主义在俄国创造性发展的历程，而且呈现为马克思主义与俄国其他反动的错误的社会思潮作斗争的历程。

这种思想理论战线的斗争并没有因为十月革命的胜利而告终。十月革命，尤其是粉碎了帝国主义的武装干涉、取得国内战争的胜利之后，苏维埃政权得到巩固。但是，被推翻的地主、资产阶级并不甘心，他们在国外帝国主义势力支持下，扶持唯心主义哲学、传播宗教

---

① 《列宁专题文集·论马克思主义》，人民出版社2009年版，第148页。

神学、丑化无产阶级专政、宣扬资产阶级思想，在社会科学与自然科学领域向马克思主义发动进攻，引起国内思想界混乱。为了用“唯物主义”武装全党全国人民，苏共（布）出版了一批马克思主义的著作与杂志。1922 年初创刊的《在马克思主义旗帜下》便是其一。在该刊 1—2 期合刊的发刊词中，编辑部表达了与唯心主义、宗教思想作斗争的办刊目标。列宁表示赞同，并为了将“工作内容和工作计划规定得更确切一些”①，于 1922 年 3 月 12 日撰写了《论战斗唯物主义的意义》这篇指导性的文章，发表于同年同月第 3 期。文章由 33 个自然段组成，被称为列宁的“理论遗嘱”，也被称为列宁的“哲学遗嘱”。

列宁在该文中首次明确提出了“战斗唯物主义”的概念及其相关思想。他指出，“捍卫唯物主义和马克思主义”是《在马克思主义旗帜下》杂志应当担负的工作。② 为了完成这一工作，杂志应当办成战斗唯物主义刊物。具体而言，首先应该是一个战斗的刊物，坚定不移地揭露和追击当今一切“僧侣主义的有学位的奴仆”，以此抵制资产阶级思想、唯心主义哲学的侵袭；其次应该是一个战斗的无神论的刊物，必须不倦地进行无神论的宣传和斗争，以此使亿万人民群众摆脱愚昧无知状态。

总而言之，“唯物主义”之所以要进行战斗，是因为这种科学世界观不会自然而然地植入广大党员群众头脑之中，相反，还有大量错误的反动的社会思潮已经占据或者正在抢占广大党员群众的思想意识领地。因此，只有通过思想理论战线与意识形态领域的斗争，才能排除广大党员群众思想意识中存在的错误的反动的社会思潮，才能帮助其真正树立正确的、科学的马克思主义观。

（三）“战斗唯物主义”如何进行战斗

在战斗中摸爬滚打出来的列宁无比明白，“并肩战斗”是决定胜

① 《列宁专题文集·论辩证唯物主义和历史唯物主义》，人民出版社 2009 年版，第 322 页。

② 《列宁专题文集·论辩证唯物主义和历史唯物主义》，人民出版社 2009 年版，第 323 页。

负成败的关键所在。因此，他强调，“如果共产党员以为单靠革命家的手就能完成革命事业，那将是他们最大最危险的错误之一”[①]。因为共产党员在革命事业中所扮演的角色只是“富有生命力的先进阶级的先锋队”，而这个先锋队“只有当它不脱离自己领导的群众并真正引导全体群众前进时，才能完成其先锋队的任务”[②]。因此，共产党员要懂得并善于与非共产党员在各个领域结成广泛的联盟，从而，作为领导核心、借用集体力量，去争取伟大革命事业的最终胜利。在这些广泛的联盟之中，列宁尤为重视思想联盟。在他看来，思想联盟若能牢不可破，革命力量就会坚不可摧。

那么，如何建立起这种牢不可破的思想联盟呢？列宁在《论战斗唯物主义的意义》一文中提出了“两个联盟”的思想。具体而言，一是共产党员与党外彻底唯物主义者结成联盟；二是共产党员与现代自然科学家结成联盟。从这两类联盟对象的选定可以看出，列宁是何等的聪明与清醒。一来，他找“合者”进行联盟。即便信仰暂时不同、身份暂时不同，但若是具备相似的唯物主义世界观、真理观，便具备进行联合的思想底色，便有可能形成强大的思想合力。所谓“道同相谋”“团结力大”。二来，他找“强者”进行联盟。彼时，自然科学正在经历急剧变革，也逐渐成为时代强音。这就导致两种可能性，一是自然科学的急剧变革产生各种反动思想流派，二是自然科学的“风生水起”被各种反动思想流派所利用。在这种情况下，列宁提出与“现代自然科学家”结成联盟，便既能获得“强者”所带来的益处又能规避“强者”所可能导致的害处。假如能够实现这“两个联盟”，那么，作为先锋队的共产党员便能实现双赢：既能团结“合者”，又能抓住“强者”。再假如“合者”与“强者”在数量和力量上占据优势，那么，执政的共产党取得思想理论战线与意识形态

① 《列宁专题文集·论辩证唯物主义和历史唯物主义》，人民出版社2009年版，第322页。

② 《列宁专题文集·论辩证唯物主义和历史唯物主义》，人民出版社2009年版，第322—323页。

领域的新胜利便是水到渠成、成竹于胸的事。

除了寻找进行战斗的“物质武器”之外，列宁还非常强调进行战斗的“思想武器”。换言之，除了主张与“合者”、“强者”结成思想联盟之外，列宁还非常注重从历史中、从现实中、从国内外甚至从敌对方找寻具有说服力的思想资源与生活事实。例如，他认为，“18 世纪老无神论者所写的那些泼辣的、生动的、有才华的政论……往往要比那些文字枯燥无味，几乎完全没有选择适当的事实来加以说明，而仅仅是转述马克思主义的文章要合适千百倍”①。又如，他提出“特别重要的是要利用那些有许多具体事实和对比来说明……的书籍和小册子”②。再如，他强调“有关北美合众国的一切材料都非常重要”③。类似的思考和建议还有很多，总的目的在于强调，进行思想理论和意识形态方面的斗争，要言之有物、言之有据，要以情动人、以理服人。一句话，靠“实力”而不是“强权”，去赢得群众经过大脑、发自心底的信任、支持和拥护。

综上可见，列宁的哲学观具有两个鲜明特点：其一，忠于马克思主义哲学，尤其是忠于“彻底的唯物主义”；其二，自带强烈的意识形态色彩与强大的思想政治教育功能。毋庸赘言，这种富于“战斗”的唯物主义哲学观在实践中呈现为马克思主义通俗化、大众化的早期尝试。

第二节　主体性概念

在“社会化”尚难以企及之时，“国有化”便成为退而求其次的现实选择。因此，“国家”成为列宁后期政治哲学的首个主体性概

① 《列宁专题文集·论辩证唯物主义和历史唯物主义》，人民出版社 2009 年版，第 325 页。

② 《列宁专题文集·论辩证唯物主义和历史唯物主义》，人民出版社 2009 年版，第 326 页。

③ 《列宁专题文集·论辩证唯物主义和历史唯物主义》，人民出版社 2009 年版，第 327 页。

念。这个"国家"并不是资产阶级所称谓的"全民"国家，而是无产阶级所掌权的"阶级"国家。由此，作为阶级先锋队的"政党"便成为又一个重要的主体性概念。这个"政党"不再是主导社会主义革命的在野党，而成为引领社会主义建设的执政党。概言之，"国家"与"政党"这两大主体性概念在列宁后期政治哲学语境中都被赋予了全新的内涵。

一 国家：无产阶级的新型"利维坦"

"利维坦"是圣经中所述及的一种力大无穷的巨兽名称的音译，霍布斯曾借以形容一个强大的国家。在列宁看来，社会主义俄国也应是这样一个"既强大又富饶"的"利维坦"，只是这种"利维坦"与资产阶级思想家眼中的"利维坦"存在着根本不同：它随着阶级的产生而产生又随着阶级的消亡而灭亡，是阶级统治的工具；它作为新型国家，以"无产阶级专政"的方式实现大多数群众的民主；它携带着"资本"降服于"无产阶级"，担负起将"社会主义拖进日常生活"的重任；它是多民族自由联盟的产物。

（一）国家与阶级：孰先孰后

近代以来，资产阶级思想家大多秉承"国家的目的是保护财产"这一思想前提，并以此为基点臆造出自然状态、自然权利、社会契约等各种假说。在列宁看来，其目的不过是为了保护资产阶级，其实质不过是资产阶级专政。列宁的国家观与之相反，他从"阶级"和"阶级矛盾"这一现实存在的事实出发，主张采用暴力革命的手段，达到消灭资产阶级国家、建立无产阶级专政的社会主义国家的目的，并通过消灭阶级来消灭国家。

首先，"阶级"是列宁国家观的底色，这一底色主要从马克思、恩格斯的国家观中传承而来。从起源来看，"国家是阶级矛盾不可调和的产物和表现"①。也就是说，国家不是从来就有的，而是社会分

① 《列宁专题文集·论马克思主义》，人民出版社2009年版，第180页。

裂为阶级、阶级之间产生矛盾、阶级矛盾不可调和之后产生的。国家的产生意味着阶级矛盾已经发展到了不可调和的地步。从本质和功能来看，“国家是阶级统治的机关”[①]。国家的这种统治功能是通过一个阶级对其他阶级的压迫而实现的，实现统治的标志往往在于建立了一种对阶级冲突起到抑制和缓和作用的“秩序”。从地位来看，国家是“从社会中产生但又居于社会之上并且日益同社会相异化的力量”[②]。因此，谁掌握了国家这种凌驾于社会之上的力量，便具有了进行社会选择、社会安排、社会建设的优先权与主导权。对于具有社会主义理想的苏共来说，争得对国家的统治权，是实现这一社会理想的必然之路。从角色来看，国家及其机关是社会公仆而非社会主人。列宁强调，在无产阶级专政的国家里，要“防止国家和国家机关由社会公仆变为社会主人”[③]。从趋势来看，国家会随着阶级的消亡而灭亡。由于阶级会不可避免地消失，因此，国家也会不可避免地随着阶级的消失而消失，但是，国家的消失将是一个漫长而自然的过程。“无产阶级所需要的只是逐渐消亡的国家，即组织得能立刻开始消亡而且不能不消亡的国家。”[④] 综上可知，列宁对国家的基本看法：社会分化为阶级，阶级之间产生矛盾并发展到无法调和的敌对地步，国家产生并成为控制阶级矛盾的工具，从而将阶级矛盾保持在“秩序”范围之内；国家性质根本上是由执掌国家政权的阶级所决定的，国家存在的合法性在于作为“社会公仆”为人民群众服务，从这个意义上来说，国家也就是通过组织而上升为统治阶级的无产阶级。

其次，“无产阶级专政”是列宁国家观的核心，被列宁视为“马克思主义在国家问题上一个最卓越最重要的思想”[⑤]。为何是“无产阶级”呢？因为“生存的经济条件”使之成为“唯一彻底革命的阶

① 《列宁专题文集·论马克思主义》，人民出版社2009年版，第201页。
② 《列宁专题文集·论马克思主义》，人民出版社2009年版，第182页。
③ 《列宁专题文集·论马克思主义》，人民出版社2009年版，第248—249页。
④ 《列宁专题文集·论马克思主义》，人民出版社2009年版，第197页。
⑤ 《列宁专题文集·论马克思主义》，人民出版社2009年版，第196页。

级”，成为“唯一能够团结一切被剥削劳动者对资产阶级进行斗争、把资产阶级完全铲除的阶级”。[①] 为何要“专政”呢？在列宁看来，这种专政是一种新型的专政，即对资产阶级的专政，其目的在于实现一种新型的民主，即对无产者和一般穷人的民主。换言之，无产阶级专政的实现“将第一次提供人民享受的、大多数人享受的民主，同时对少数人即剥削者实行必要的镇压”，从而将“民主扩展到绝大多数居民身上”。[②] “除了把民主制度大规模地扩大，使它第一次成为穷人的、人民的而不是富人的民主制度之外，无产阶级专政还要对压迫者、剥削者、资本家采取一系列剥夺自由的措施。”[③] 资产阶级民主与无产阶级民主的根本不同在于，前者属于极少数有产阶级而后者属于大多数无产阶级。民主意味着平等，但这种平等仅仅是“形式上的平等”，“形式上的平等”尚需进入“事实上的平等”，即“实现‘各尽所能，按需分配’的原则”。如何实现“无产阶级专政”呢？列宁强调“无产阶级国家代替资产阶级国家，非通过暴力革命不可”[④]。也就是说，通过暴力革命夺取国家政权成为实现无产阶级专政的前奏。实现“无产阶级专政”的目的是什么呢？从短期来说，是为了建设无产阶级国家。无产阶级国家的建立不仅需要改变国家的权力归属，而且需要改变国家的内部状态。其中，最重要最紧迫的是改变资本奴役劳动的状态，将劳动从资本的枷锁之中解放出来，以便引导全体劳动人民走向社会主义道路。从长期来看，“无产阶级专政”也是暂时的，它属于“特殊的过渡性的国家”，与资本主义社会到社会主义社会的过渡时期相适应。总之，在列宁看来，无产阶级专政是一种新型的属于大多数人的民主，因而也是“民主的最高类型——无产阶级民主”，但它的存在并不是永恒的，具有暂时的过渡性。

---

① 《列宁专题文集·论马克思主义》，人民出版社 2009 年版，第 197 页。

② 《列宁专题文集·论社会主义》，人民出版社 2009 年版，第 30—31 页。

③ 《列宁专题文集·论社会主义》，人民出版社 2009 年版，第 29 页。

④ 《列宁专题文集·论马克思主义》，人民出版社 2009 年版，第 194 页。

最后，“苏维埃”是与无产阶级专政相配套的一种新的国家形式。在列宁看来，“苏维埃是一种新的国家形式，确切些说，是一种新的国家类型”①；苏维埃政权是无产阶级专政的一种形式，“它在世界上第一次吸收劳动者直接地积极地参加对国家的管理”，“比议会制共和国更快更好地发挥人民群众的主动性”②。这种判断首先基于列宁对国家力量来源的认知，他认为“一个国家的力量在于群众的觉悟。只有当群众知道一切，能判断一切，并自觉地从事一切的时候，国家才有力量”③。正因此，“苏维埃”在列宁国家观中占据着特殊而重要的位置。十月革命之前，“全部国家政权归苏维埃”曾是列宁鼓动广大工农兵群众进行社会主义革命的响亮口号。十月革命胜利之初，列宁依然强调，工农兵代表苏维埃是“最高国家政权机关”，新生的国家是社会主义的苏维埃共和国。除此之外，列宁还十分强调建立群众性组织，他认为苏维埃共和国实现了真正的民主制度，在这种情况下，党必须致力于建立和发展无产阶级和半无产阶级的群众性组织，以保证劳动群众能实际地参与国家管理。无论是“苏维埃”，还是“群众性”组织，其目的不过是建立属于无产阶级的社会主义国家，从而实现属于大多数人的民主。

（二）国家与资本：孰主孰从

十月革命之后，无产阶级掌握国家政权，怎样建设社会主义国家成为摆在新政权面前的主要任务。事实上，列宁对于这个主要任务，既缺乏理论准备又缺乏现实经验。他清晰地认识到，暴力革命固然可以摧毁旧的资产阶级国家，却无法建立起新的无产阶级国家。不过，社会主义革命和国内战争的双重胜利给了他信心，让他相信“用镇压的方法获得了胜利”，“也能够用管理的方法获得胜利”④。在“管理俄国”这个理论与实践新课题当中，如何处理国家与资本的关系成为关键所在。

---

① 《列宁选集》第3卷，人民出版社2012年版，第47页。

② 《列宁选集》第3卷，人民出版社2012年版，第35页。

③ 《列宁选集》第3卷，人民出版社2012年版，第347页。

④ 《列宁专题文集·论社会主义》，人民出版社2009年版，第87页。

资本主义国家中资本对劳动剥削与压迫的既定事实，促使列宁对有关资本的一切产生本能的排斥心理。以至在十月革命胜利之初，他企图绕过货币、市场、竞争等资本主义要素，通过工农之间、城乡之间直接的物物交换，直接过渡到社会主义。事实证明，这种直接过渡的方式是不可行的。因为在小农经济占优势、农民占大多数而工业又尚未充分发展的情况下，工农之间、城乡之间直接的物物交换是不公平、不均衡的，它严重损害了农民的利益和工人的积极性，农民对此尤其不满甚至奋起反抗。早已不再靠书本建设社会主义的列宁，根据实际情况，对此进行了调整，重新规划了走向社会主义的路径和方式，再次提出“国家资本主义”的设想。

为何要重提“国家资本主义”呢？这首先基于列宁对国情的清醒认知：十月革命胜利后，俄国无论在政治制度还是政权力量方面与西方先进的资本主义国家如英、法、美相比，都要先进，但是俄国经济依然十分落后，工业化还没有完成，还存在多种经济成分：宗法式的农民经济、小商品生产、私人资本主义、国家资本主义、社会主义。在这五种经济成分中，占优势地位的是小商品生产者。新经济政策的实施又将激活资本主义的发展。在资本主义发展不可避免且不可遏制的情况下，将其纳入国家资本主义轨道，由国家来“控制和调节”“经营和管理”，以便备足“实现社会主义所需要的全部条件”①。在列宁看来，国家资本主义虽然没有社会主义进步，但是优于宗法制经济、小生产经济，因此可以成为通向社会主义的“中间环节”。列宁强调，“我们过去承认和今后也要承认的只是国家资本主义，而国家就是我们，就是我们有觉悟的工人，就是我们共产党员”②。也就是说，只要国家政权掌握在无产阶级手中就不用过度担心国家资本主义的发展。

由此可知，列宁后期对国家与资本关系的总体态度：既然资本不

① 《列宁专题文集·论社会主义》，人民出版社 2009 年版，第 123 页。

② 《列宁专题文集·论社会主义》，人民出版社 2009 年版，第 309 页。

能再归为少数个人，既然资本尚不能归为整个社会，那么，作为社会与个人之间桥梁的国家便成为资本的暂时保管者、使用者、增值者。就此，列宁在资本主义与社会主义之间，增加了“国家资本主义”这一过渡环节，甚至将之视为社会主义俄国的“救星”。

（三）国家与民族：孰兼孰容

俄国幅员辽阔、民族众多，许多民族处于彼此分离甚至完全隔绝的状态。社会主义国家的架构必然绕不开对这些为数众多且相互隔绝的民族关系的处理。由此，形成了以民族为基础的国家架构形式，可称之为“民族联邦制”。何为“民族联邦制”？它有什么基本原则与价值遵循呢？

首先，民族联邦制是国家体制向少数民族作出让步的结果。十月革命之前，列宁依照马克思、恩格斯的相关论述，在原则上反对联邦制，主张在民族自决权基础上建立统一的民主集中制的共和国。但他并未彻底堵死联邦制的发展空间，而是承认在特殊情况下可将之作为向统一的民主集中制共和国过渡的一种形式。十月革命之后，由于各少数民族对大俄罗斯人存在普遍的不信任乃至仇恨心理，因此出现了较为强烈的民族分离倾向和民族独立运动。面对这种情况，列宁不得不作出让步，将联邦制作为实现各民族统一的“过渡形式”。1922 年 12 月，苏维埃社会主义共和国联盟的成立（简称“苏联”），标志着联邦制的正式落地。这是一种经济、军事、国防等全方位的联盟，是民族自决权与国家统一的妥协。

其次，民族自决权与民族区域自治是民族联邦制的两大原则。民族自决权最重要的表现形式是民族自由分离权，亦即“民族享有分离和成立独立的民族国家的权利”①。在列宁看来，“分离自由是反对愚蠢的小国制和民族隔绝状态的最好的和唯一的政治手段”②。与民族自决权并存的另一大原则是民族区域自治。如何确定民族自治的范围

① 《列宁全集》第 24 卷，人民出版社 2017 年版，第 148 页。

② 《列宁全集》第 27 卷，人民出版社 2017 年版，第 269 页。

呢？列宁认为民族自治的划分标准不仅在于特殊的民族成分，而且在于经济和生活条件等其他特殊因素。按照这种标准划分之后的民族自治具有强烈的地域色彩。同为民族联邦制原则的民族自决权与民族区域自治之间存在关联吗？在列宁看来，民族自决权与民族区域自治之间密不可分，它们共同服务于民族联邦制。如其所言，“根据每个民族享有自决权的原则，苏维埃俄国赋予其境内各民族以自治权，并支持它们建立地方共和国。只有实行这一原则才能建立起存在于苏维埃俄国各民族之间的以相互谅解和相互信任为基础的兄弟关系”①。

最后，平等、民主、友善是建立和维护民族联邦制的价值遵循。列宁痛恨两种现象，一是剥削工人，二是民族压迫。因此，在民族联邦制中，他尤其强调各民族之间，无论大小与强弱，一律遵循平等、民主、友善的价值原则。他在《俄罗斯各族人民权利宣言》（1917 年 11 月）中，将俄罗斯各族人民的联盟政策定义为“真诚自愿的”；在《被剥削劳动人民权利宣言》（1918 年 1 月）中，将俄罗斯苏维埃共和国的组建原则定位为“自由民族的自由联盟”；在《俄共（布）纲领草案》（1919 年 2 月）中强调，“必须特别慎重地对待民族感情，认真地实行各民族的真正的平等和分离的自由，以便消除这种不信任的基础，而使各民族的苏维埃共和国结成一个自愿的最紧密的联盟。必须加紧帮助落后的弱小民族”②。这些基本价值遵循的最终目的在于实现国家统一、民族融合以及共同发展。

综上可见，列宁在国家问题上提出了三个具有根本性的、至关重要的、不容忽视的问题，即国家与阶级的关系、国家与资本的关系以及国家与民族的关系，并在理论和实践中对其进行了初步的思索与解答。尽管有些具体结论已经不适合当今时代，但其对问题的提出及其思考方式本身就是一种有益的借鉴，值得后人沿此续写。

---

① 《列宁全集》第 50 卷，人民出版社 2017 年版，第 476 页。

② 《列宁选集》第 3 卷，人民出版社 2012 年版，第 725 页。

二　政党：社会主义建设的“先锋队”

不同的时代对政党有不同的要求与期待。能够满足时代的要求与期待，便能成为时代的主宰并创造新的时代；反之，则会被时代所遗弃，成为时代的淘汰者。不同的位置对政党也有不同的要求与期待。能够满足岗位的要求与期待，便能成为岗位的荣耀者并借由岗位成就大业；反之，则会被岗位所摒弃，成为岗位的出局者。十月革命之后，俄国由社会主义革命时代迈向社会主义建设时代，布尔什维克由革命党转为执政党。由此一来，社会主义建设时代的执政党——布尔什维克则不仅需要坚守住无产阶级先锋队的旧职，而且需要担负起社会主义建设先锋队的新任。作为执政党领袖的列宁也对社会主义建设时代执政党的职责与任务进行了全新的思考与谋划。

（一）“先锋队”首先要进行自我建设

执政之后，布尔什维克的性质并没有发生改变，它依旧是工人阶级的政党，依旧是团结、教育和组织无产阶级和全体劳动群众的先锋队。只是这个先锋队的职责和任务发生转移：由宣传转向领导。也就是说，革命时期的政党可以通过宣传将人民群众吸引到自己的队伍中，凝结为促使革命取得胜利的历史合力，但是，进入执政期的政党单靠宣传就不够了，这时候更重要的是“领导”。此处的“领导”至少包含两层核心要义：其一，这种“领导”不仅是政治上的领导，而且是经济上、文化上的领导；其二，这种“领导”不仅要求善于领导自己的党，而且要求善于领导正在转向新立场的人民群众。如何实现这种“领导”呢？在列宁看来，首先要提高政党自己的领导能力。换言之，进行自我建设是开展社会主义建设的首要前提。

首先，队伍建设是自我建设的核心，其重点在于提高党员质量而不在于增加党员数量。个人加入执政党意味着有可能掌权、有可能受益。因此，布尔什维克成为执政党之后，难免出现想要“攀附自己”向上爬的“伪装分子”、想要“混进党内”捞好处的“有害分子”。基于这种认识，列宁认为，党的队伍建设“不追求党员数量的增加，而注意党员质量的提高和清洗‘混进党里来的人’”①，以便使无产阶级先锋队能够胜任它所担负的社会主义建设的历史任务。其中，管好入口和畅通出口尤为重要。列宁强调，党不能敞开大门，党员资格的获得需要经历极其严格的考验。这种考验的核心在于是否忠于共产主义和劳动者解放事业，重点在于预备期期间的考验。列宁特别强调了新党员的预备期问题，主张通过延长预备期、加强预备期间的考察和锻炼等措施，使“预备期成为极其严肃认真的考验，而不致流于形式”②。事实上，由于种种原因，党内和政府机关已经混进了异己分子，而且当“把他们赶出门外，他们又从窗口飞进来”③。因此，列宁主张通过举行征收党员周、重新登记党员、动员奔赴前线、参加星期六义务劳动等办法，将“过去的孟什维克”“脱离群众的”“摆委员架子的”“混进来的”“官僚化的”“不忠诚的”“不坚定的”等异己分子清除出党。在此过程中，列宁十分看重非党劳动群众的意见，他认为，“劳动群众非常敏感，很会识别谁是忠诚老实的共产党员，谁是那些靠辛勤劳动过活、没有任何特权、根本不会‘讨好领导’的人所厌恶的共产党员”④。由此可见，对列宁而言，队伍建设的重点在于提高党员的质量，以保持党的纯洁性和先进性。

其次，作风建设是自我建设的保障，其重点在于克服官僚主义和善用自我批判。列宁并没有直接提出作风建设这一话题，但是他所强调的克服官僚主义、学会自我批判、严惩党员犯罪等思想和主张在事实上形成了有关作风建设的系列思想。就官僚主义而言，列宁认为，“我们内部最可恶的敌人就是官僚主义者”⑤。这个“内部”，既包括党内，又包括国家机关内部。他甚至断言，“如果说有什么东西会把我们毁掉的话，那就是这个”⑥。如何克服官僚主义呢？在列宁看来，

① 《列宁专题文集·论无产阶级政党》，人民出版社2009年版，第222页。
② 《列宁专题文集·论无产阶级政党》，人民出版社2009年版，第328页。
③ 《列宁专题文集·论无产阶级政党》，人民出版社2009年版，第219页。
④ 《列宁专题文集·论无产阶级政党》，人民出版社2009年版，第321页。
⑤ 《列宁专题文集·论无产阶级政党》，人民出版社2009年版，第325页。
⑥ 《列宁专题文集·论无产阶级政党》，人民出版社2009年版，第348页。

官僚主义最主要的表现是泛说空话而不干实事，因此，他强调，若想克服官僚主义，就要研究实际经验，让官僚主义者们学习如何做事，哪些应该做、哪些不该做以及如何去做。就自我批判而言，列宁认为，犯错误并不可怕，可怕的是不承认错误、不纠正错误，这样一来，就无法“从错误中学习”。因此，对于执政之初的共产党员来说，尤其要学会“通过自我批评来学会办事”①。就严惩党员而言，列宁强调，“对共产党员的惩处必须严于非党员”，对于包庇犯罪的共产党员的机构和个人要给予严重警告、撤销职务直至开除出党的严厉处分。② 在社会主义入口处，列宁强调作风建设的意义不仅在于他提出了整顿作风的具体建议，而且在于他对这个问题的机警与重视。

最后，能力建设是自我建设的重点，其主要包括国家管理能力和自我管理能力。紧随执政地位而来的是能力建设问题。之前，无产阶级及其政党主要从事具体工作，没有机会和平台进行管理。因此，无产阶级政党执政、无产阶级专政实现之后，无产阶级政党不得不学习管理。这种管理既包括国家管理也包括政党的自我管理。对于国家管理而言，列宁强调，不要亲手包办一切，而要学会检查、监督与指导，学会做经济工作。对于政党自我管理而言，列宁强调民主集中制。在他看来，只有将政党以高度集中的方式集中起来，实行“极严格的真正铁的纪律”，才能使党的中央机关获得广泛的权力、赢得党员的普遍信任，从而为履行政党职责、提高执政能力做好坚实铺垫。此外，列宁还强调党的思想建设与文化建设。他认为，“新经济政策在经济上和政治上都充分保证我们有可能建立社会主义经济的基础。问题‘只’在于无产阶级及其先锋队的文化力量”③，从而将文化建设提高到与政治建设、经济建设同等重要甚至更重要的地位。

（二）“先锋队”要带领群众一道前进

“先锋队”与群众两者的关系镶嵌在领袖、政党、阶级与群众四

① 《列宁专题文集·论无产阶级政党》，人民出版社 2009 年版，第 352 页。

② 《列宁专题文集·论无产阶级政党》，人民出版社 2009 年版，第 332—333 页。

③ 《列宁专题文集·论无产阶级政党》，人民出版社 2009 年版，第 335 页。

者的关系之中。在列宁看来，领袖、政党、阶级与群众之间的关系属于“起码的常识”。这一常识的主要内容包括：“群众是划分为阶级的”，“至少在现代的文明国家内，阶级是由政党来领导的”，“政党通常是由最有威信、最有影响、最有经验、被选出担任最重要职务而称为领袖的人们所组成的比较稳定的集团来主持的”。[①] 虽然列宁精彩地论述了领袖、政党、阶级与群众之间的辩证关系，但从根本上说，他并不将四者独立开来，而是更强调四者不可分离的统一性与整体性。其中，政党扮演引领者的角色，如其所言，无产阶级的革命政党如果不学会将“领袖和阶级、领袖和群众结成一个整体，结成一个不可分离的整体，它便不配拥有这种称号”[②]。因为正是这种“不可分离的整体”推动着整个社会向共产主义迈进。

在四者的关系中，列宁尤其重视和强调“先锋队”与群众的关系，即“先锋队”要带领群众“一道前进”而非自己“跑得太远”。他清楚地知道，单靠一支先锋队是无法实现向共产主义过渡的。因此，作为执政党的共产党需要锻造成为“新型的党，另一种性质的党”，即“能够经常同群众保持真正的联系的党，善于领导这些群众的党”。[③] 因为革命的经验告诉列宁，“只有以一定的阶级为依靠的政党才是强有力的，才能在形势发生各种各样的转变的时期安然无恙”[④]，向社会主义过渡也概莫能外。在列宁看来，在共产党员人数不多、社会主义国家缺乏外援的情况下，“最严重最可怕的危险之一，就是脱离群众，就是先锋队往前跑得太远，没有‘保持排面整齐’，没有同全体劳动大军即同大多数工农群众保持牢固的联系”[⑤]。这种认识不仅有革命经验作为支撑，而且有建设经验进行佐证。正如列宁在俄共（布）第十一次代表大会闭幕式上所作的总结，“到了1921

① 《列宁专题文集·论无产阶级政党》，人民出版社2009年版，第249页。
② 《列宁选集》第4卷，人民出版社2012年版，第160页。
③ 《列宁专题文集·论无产阶级政党》，人民出版社2009年版，第343页。
④ 《列宁专题文集·论无产阶级政党》，人民出版社2009年版，第342页。
⑤ 《列宁专题文集·论社会主义》，人民出版社2009年版，第304页。

年春天，实际表明我们革命的先头部队有脱离应由它率领前进的人民大多数，农民大多数的危险，我们就一致地果断决定退却”；退却结束之后，全部关键之一在于“现在要同无比广大的群众，即同农民一道前进，用行动、实践和经验向农民证明，我们在学习并且一定能学会帮助他们，率领他们前进”。[①] 由此可见列宁对“先锋队”的定位与要求，即既要引领劳动群众又不能脱离劳动群众，也即带领劳动群众“一道前进”。

（三）“先锋队”要处理好与政府的关系

党政关系对于列宁而言并不是社会主义建设时期才出现的新问题，这一问题同样贯穿整个社会主义革命时期。总的来说，党政关系问题的核心在于政权在两者之间如何配置。

对此，列宁曾提出“全部政权归苏维埃”的口号，这一口号成为十月革命取得胜利的重要法宝。十月革命胜利之后，列宁在《被剥削劳动人民权利宣言》（不晚于 1918 年 1 月 3 日［16 日］）中依然强调，“政权应当完全地、绝对地属于劳动群众和他们的全权代表机关——工兵农代表苏维埃”[②]。也就是说，苏维埃是政权的归属者。除了归属者之外，政权还有一个执掌者，即无产阶级的先锋队——布尔什维克。事实上，在国内战争期间，政权基本集中在了党中央。由此可见，“全部权力归苏维埃”与“权力集中于党中央”是并存的。这两种主张看似矛盾，但各有其根据，也各适应其形势。换言之，在社会主义革命和国内战争期间，列宁对党政关系的处理带有相当大的灵活性和变动性，什么时候变以及变成什么样都取决于当时革命形势的需要。

社会主义革命胜利之后，布尔什维克成为唯一的执政党、苏维埃成为唯一的国家政权形式。列宁虽然既重视执政党建设，又强调苏维埃建设。但在实践过程中，还是出现了党政不分、以党代政的问题。

---

① 《列宁选集》第 4 卷，人民出版社 2012 年版，第 699—700 页。

② 《列宁选集》第 3 卷，人民出版社 2012 年版，第 388 页。

因此，如何正确处理社会主义国家中的党政关系，又成为摆在列宁面前的一道难题。对此，列宁强调，“必须十分明确地划分党（及其中央）和苏维埃政权的职责；提高苏维埃工作人员和苏维埃机关的责任心和独立负责精神，党的任务则是对所有国家机关的工作进行总的领导，不是像目前那样进行过分频繁的、不正常的、往往是琐碎的干预”①。在列宁看来，党的问题在于对国家机关的干预过多过细过宽，以致消解了国家机关及其工作人员的责任心和独立性。因此，应当明确认识和牢记党的职责，即对国家机关进行总的领导但不代行其工作职责。为了将这种理论思考变为政治现实，列宁在病床上提出了改革国家机关、加强法制建设等调节党政关系的具体措施。只可惜这些措施随着列宁的早逝而基本停留在了设想层面。

以上便是列宁在新的社会主义建设时代、新的执政党位置上对政党关系所作的思考与论述。

第三节　动力性概念

若想将社会主义“拖进”日常生活，仅有执政党的主观愿望是远远不够的。只有当执政党的主观愿望转化为千百万群众的自觉行动时，生活世界的社会主义才有望变为现实。这就需要寻找驱动群众自觉进行社会主义建设的动力源泉。对此，列宁发现了“利益”与“改革”中所蕴含的强大驱动力，从而通过满足个人利益需求的方式将社会主义逐渐融入了日常生活。

一　利益：回归具体个人的原始驱动力

马克思认为，人们奋斗所争取的一切，都同他们的利益息息相关；列宁则认为，统治阶级的经济地位和经济利益从根本上决定了国家的内外政策。两人分别从个人层面和集体层面说明了同一个道理，

① 《列宁专题文集·论无产阶级政党》，人民出版社2009年版，第336页。

即利益是一种原始的驱动力。作为原始驱动力的利益，在不同的阶级、不同的阶段会有不同的指向，即便是同一个阶级，在不同的情境中也会有所侧重。对于十月革命之后的列宁而言，其利益观最显著的特点在于将着眼点和落脚点回归具体个人，当然他也并没有因此而忽略作为整体的国家利益。

（一）个人利益的出场

十月革命之前，列宁为了激发革命热情、凝聚革命力量，更加强调阶级利益和整体利益；十月革命之后，列宁发现，社会主义建设不能仅仅依靠革命热情与政治理想，还要依靠更为重要的个人利益和经济核算。由此，个人利益作为一种原始驱动力在社会主义建设中出场了。

新经济政策之前，列宁更强调革命热情，认为没有广大群众的革命热情“就不能战胜饥荒和战争”，但是，广大群众的革命热情并没有支撑起苏俄向社会主义的直接过渡。这使列宁认识到，向社会主义的过渡不但要采取间接的方式，而且需要与个人利益相结合，即“不能直接凭热情，而要借助于伟大革命所产生的热情，靠个人利益，靠同个人利益的结合，靠经济核算”①，“纸上的东西是满足不了各个阶级的，只有用物质的东西才能使它们满足”②。也就是说，在列宁那里，个人利益不仅包括奖金、实物等物质利益，而且包括称号、勋章等精神利益。只有从这些物质利益和精神利益上对具体个人进行关心，才能提高劳动生产率、增加产品输出量，因此，要善于从个人利益上对具体个人进行关心。值得强调的是，这里的个人不仅包括工人、农民等体力劳动者，也包括专家、职员等脑力劳动者。

与“个人利益”同时出场的是“专人负责”。就像列宁所说的那样，“必须把国民经济的一切大部门建立在同个人利益的结合上面。共同讨论，专人负责。由于不善于实行这个原则，我们每走一步都吃

---

① 《列宁专题文集·论社会主义》，人民出版社 2009 年版，第 247 页。

② 《列宁专题文集·论社会主义》，人民出版社 2009 年版，第 205 页。

到苦头”[1]。实际上，专人负责制早在战时共产主义政策时期就提倡过，但那时主要是强调政治、军事方面的专人负责，而此时主要是强调经济方面的专人负责，实质是将责任制建立在个人利益之上，强调企业、与经济有关的国家机关的经济效益和经济成果。与个人负责制相对应的是企业独立经济核算制，即企业领导人、管理者与企业经营效益、经营成果直接挂钩。其实质在于将个人利益与经济发展捆绑在一起，借用个人利益、通过专人负责来驱动经济向前发展。

列宁这种“既强调个人利益又强调专人责任，同时将个人利益与专人责任相结合”的社会主义建设思路，不仅有助于提高广大群众的积极性、主动性，而且有助于规约广大群众的拖延性、懒散性。两者相结合，从正反两方面共同构成了社会主义建设的强大驱动力。

（二）阶级利益的转变

十月革命之后，通过对变化了的利益格局进行阶级分析，列宁转变了他对阶级利益的原有认识，主要体现在以下方面。

其一，更加明晰工农之间的利益差别与联系。就工农阶级之间的利益差别而言，列宁发现“两个阶级的利益是各不相同的，小农需要的东西同工人需要的不一样”[2]，因此，要根据不同阶级的利益需求进行有针对性的政策调整。例如：针对农民阶级，提倡“粮食税”“贸易自由”等；针对工人阶级，提出计件工资制、超产奖励制等；针对国家机关，提出利润提成制等。与此同时，他又发现工农阶级之间的利益存在紧密联系，虽无法达到一荣俱荣，却是一损俱损的。如果过度损害农民阶级的利益，那么势必殃及工人阶级的利益。因此，在处理工农阶级之间的利益时，要做到协调和兼顾。

其二，更加注重对农民阶级利益的维护。向社会主义直接过渡的失败让列宁认识到，若想改善工人状况、巩固工农联盟、巩固无产阶级专政，“最迫切的就是采取那种能够立刻提高农民经济生产力的办

① 《列宁专题文集·论社会主义》，人民出版社2009年版，第259页。

② 《列宁专题文集·论社会主义》，人民出版社2009年版，第202页。

法”[①]。为了尽快提高农民的生产力，列宁强调，要采用改良的办法来实现向社会主义的过渡，“不要损毁任何东西，不要急于求成，不要弄巧成拙，要最大限度地满足中农的要求，而又不损害无产阶级的利益”[②]。土地改革之后，“中农”成为农民阶级的大多数，故列宁在此想表达的意思是，向社会主义的过渡，农业生产的发展以及工农联盟的巩固，都必须从农民的个人利益出发进行考虑和谋划，找到社会主义建设同农民经济的结合点，使工业能够迅速而充分地满足农民的需要。

其三，对无产阶级利益的认识发生转变。十月革命之前，列宁认为，只能通过根本的政治改革来满足最重要的有决定作用的阶级利益，因此，他强调，能且只能通过政治革命来满足无产阶级的基本经济利益，即以无产阶级专政代替资产阶级专政。十月革命之后，国家政权已经由无产阶级掌握在手中，此时，“最主要最根本的需要就是增加产品数量，大大提高社会生产力”[③]。也就是说，恢复大工业、夯实经济基础是巩固无产阶级专政的根本途径，也是维护无产阶级利益的重中之重。这表明，列宁对无产阶级利益的核心内容、实现方式的认识均发生了转变。

（三）国家利益的维护

个人利益的出场与阶级利益的转变并不意味着整体利益的弱化、国家利益的让步。事实上，在列宁看来，整体利益、国家利益仍然高于个人利益、阶级利益，个人利益、阶级利益不但服从于整体利益、国家利益，而且与整体利益、国家利益高度统一。只是在社会主义建设阶段，整体利益集中地、突出地体现为社会主义国家的国家利益。

因此，列宁强调，向社会主义过渡的方法不能损害国家的整体利益。以租让为例，苏俄租让给外国资本的只是附有期限与条件的使用权而不是对矿藏、土地等生产要素的所有权，所有权仍然掌握在无产

① 《列宁专题文集·论社会主义》，人民出版社2009年版，第216页。
② 《列宁选集》第4卷，人民出版社2012年版，第452页。
③ 《列宁专题文集·论社会主义》，人民出版社2009年版，第301页。

阶级国家手中，而且租让的目的也是尽快恢复苏俄的国家建设、尽快提高民众的生活水平。在列宁看来，虽然向社会主义过渡的方法需要由实践和经验来确定，但前提是不能损害国家的整体利益。

当国家利益与个人利益无法兼顾时，提倡个人利益对国家利益的服从，当然这种服从也是有限度的。以合作社为例，列宁在新经济政策时期指出，恢复俄国经济、通向社会主义“所需要的一切”只是使俄国居民充分地、广泛地、深入地实现合作化。原因在于他找到了实现合作化的前提：“发现了私人利益即私人买卖的利益与国家对这种利益的检查监督相结合的合适程度，发现了私人利益服从共同利益的合适程度”①，从而清除掉了过去常常阻碍社会主义者的绊脚石。正因此，他才敢放心大胆地重新启用这种曾被视为资产阶级专属的经济形式。

在维护国家利益方面，列宁不仅强调从外部维护，而且强调从内部维护。列宁晚年十分强调共产党员和国家机关的能力建设与自我革命，因为两者从内生源头上关系到社会主义国家的根本利益。在列宁看来，“现在每一个人，不论他的职务是什么，面前都有三大敌人……（一）共产党员的狂妄自大，（二）文盲，（三）贪污受贿”②。如果说其他国家和老旧势力是从外部损害国家利益，那么，共产党员与国家机关工作人员的狂妄自大和贪污受贿则是从内部腐蚀国家利益。前者尚可防范，后者无药可救。因此，列宁在强调国家利益外部维护的同时，亦格外重视国家利益的内部维护。

二　改革：融入日常生活的综合驱动力

社会主义建设是一个整体工程，十月革命所完成的仅仅是它的政治方面。社会主义政治革命的真正巩固、社会主义社会建设的真正完成，则依赖经济、文化、社会等各个方面的综合发力。从这个意义上

① 《列宁专题文集·论社会主义》，人民出版社 2009 年版，第 349 页。

② 《列宁专题文集·论社会主义》，人民出版社 2009 年版，第 267 页。

来说，列宁后期所开创的事业书写着“改造世界”的社会主义版本。他发动了“社会主义建设史上的首次改革”①，形成了前所未有的社会主义改革观，为社会主义融入日常生活奠定了最初的实践基础与理论基础。

（一）改革是革命在和平建设时代的继续

革命与改革的关系貌似是一个理论问题，事实上，列宁对这一理论问题的认识深深扎根于他的社会主义实践。在社会主义实践基础上，列宁提出了革命与改革的关系理论。

革命前夕，列宁在《论策略书》（1917 年 4 月 8 日和 13 日［21 日和 26 日］之间）中指出，“无论从革命这一概念的严格科学意义来讲，或是从实际政治意义来讲，国家政权从一个阶级手里转到另一个阶级手里，都是革命的首要的基本的标志”②。这与列宁一贯秉持的“政权问题是一切革命的根本问题”③ 观点基本相同。两者都将政权摆在了革命的首要位置。当无产阶级通过十月革命掌握了政权之后，列宁试图通过革命的方式对俄国进行社会主义改造，以便尽快打碎旧世界、重建新世界。事实证明，这种革命的改造方式在社会主义建设阶段是行不通的。对此，列宁进行了深刻反思，认识到“对于一个真正的革命者来说，最大的危险，甚至也许是唯一的危险，就是夸大革命作用，忘记了恰当地和有效地运用革命方法的限度和条件”④。换言之，革命不是万能的、普适的，采用革命的方式要注意“时候”“情况”和“领域”。

对此，列宁提出用改良的方式对俄国进行社会主义改造。如其所言，“我国革命在经济建设的一些根本问题上必须采取‘改良主义的’、渐进主义的、审慎迂回的行动方式”⑤。什么叫改良主义的办法

① 左亚文：《社会主义建设史上的首次改革——列宁新经济政策的实质及其意义再评》，《江西社会科学》2015 年第 9 期。

② 《列宁专题文集·论马克思主义》，人民出版社 2009 年版，第 167 页。

③ 《列宁选集》第 3 卷，人民出版社 2012 年版，第 86 页。

④ 《列宁专题文集·论社会主义》，人民出版社 2009 年版，第 290 页。

⑤ 《列宁专题文集·论社会主义》，人民出版社 2009 年版，第 288 页。

呢？在列宁看来，“所谓改良主义的办法，就是不摧毁旧的社会经济结构……而是活跃……审慎地逐渐地掌握它们，或者说，做到有可能只在使它们活跃起来的范围内对它们实行国家调节”①。与此同时，列宁也改变了对改良的性质与作用的认识，提出“无产阶级取得胜利以前，改良是革命的阶级斗争的副产品。取得胜利以后，改良在国际范围内仍然是一种‘副产品’，但对取得胜利的国家来说，如果经过极度紧张的斗争，实力显然不足以用革命手段来实行某种过渡，那么改良又是一种必要的、合理的喘息时机”②。此时，列宁并没有放弃革命的理想，只是在社会主义建设的和平年代里，将改良作为革命方式的继续和补充。

由此可见，对列宁而言，“革命”主要指“政治革命”，它与“政权”相联系，是“最彻底、最根本地摧毁旧事物”，而“改良”则是“审慎地、缓慢地、逐渐地改造旧事物，力求尽可能少加以破坏”。③ 正因此，夺得政权之后，俄国呈现出“革命”与“改良”并存的局面。一方面，十月革命中完成的政治革命并不彻底，需要在革命后继续进行政治层面的变革与优化；另一方面，十月革命中未完成的文化革命、社会革命、自我革命才刚刚获得施展的空间。也就是说，十月革命的胜利只不过是为社会主义建设夺得了权力空间，只是向社会主义道路迈出了第一步，而向社会主义的真正转变则需要政治改革、社会革命、文化革命、自我革命等一系列后续“革命”与“改革”的接续。

（二）改革是全面的、系统的、持续的工程

列宁对俄国的改革历程是从转移工作重心开始的，工作重心的转移也集中体现了列宁对改革看法的转变，即由单方面的、短时性的改革转向了全面的、系统的、持续的改革。正因此，“列宁后期不仅提出了‘新经济政策’，还在最后构想中补充了应当与此配套实行的

① 《列宁专题文集·论社会主义》，人民出版社2009年版，第289页。

② 《列宁专题文集·论社会主义》，人民出版社2009年版，第295页。

③ 《列宁专题文集·论社会主义》，人民出版社2009年版，第289—290页。

‘新政治政策’和‘新文化政策’”[①]。

革命胜利半年之时，列宁在《苏维埃政权的当前任务》（1918 年 4 月）中强调，布尔什维克执政、苏维埃政权建立之后，党和国家面临一个历史转折，这种历史转折要求将工作重心转移到“管理俄国”上。他进一步指明，若想卓有成效地进行国家管理，就要善于实际地进行组织工作，亦即“用新的方式去建立千百万人生活的最深刻的经济的基础”[②]。简言之，就是需要将党和国家的工作重心转移到“管理俄国”，尤其是经济建设上来。但是，仅仅四年之后，列宁便在《论合作社》（1923 年 1 月）中表达了另一种观念，即将工作重心转移到和平的“文化”组织工作上去。在该文中，列宁掷地有声地提出，他对社会主义的“整个看法”发生了“根本改变”，并且进一步指出了这种“根本改变”的主要表现，即“从前我们是把重心放在而且也应该放在政治斗争、革命、夺取政权等等方面，而现在重心改变了，转到和平的‘文化’组织工作上去了”[③]。列宁进一步指出，倘若不论国际关系、只谈国内经济关系的话，“文化主义”则会升级为工作重心。随后，列宁又提出了一个颇具特色的“文化革命”概念，并且断定只要实现了“文化革命”，苏俄便能变为完全意义上的社会主义国家了。由此，列宁将改革思路调整为“文化—经济—政治”，将改革重心放在文化方面，也算是抓住了改革的根本和关键。

不到五年时间，为何列宁一再改变工作重心呢？这是因为列宁在社会主义改革过程中发现，社会主义建设是一个全面的、整体的、系统的工程，因此，对于经济文化都相对落后的俄国而言，社会主义改革便是一个全面的、系统的、持续的工程。这个全面、系统、持续的改革工程至少是“三位一体”的，即政治革命、社会革命与文化革命的协同推进。政治革命主要指夺取国家政权；社会革命主要指变革

① 王东：《系统改革论——列宁遗嘱，苏联模式，中国道路》，吉林人民出版社 2014 年版，第 3 页。

② 《列宁专题文集·论社会主义》，人民出版社 2009 年版，第 83 页。

③ 《列宁专题文集·论社会主义》，人民出版社 2009 年版，第 354 页。

现存所有制和经济制度；文化革命主要指根除维护旧统治的价值、原则与信仰。虽然，这三方面的改革在列宁那里的出场顺序不同，但从根本上来说，列宁将其视为一个统一的辩证的过程。如其所言，“政治和社会变革成了我们目前正面临的文化变革，文化革命的先导”，而“文化革命，无论在纯粹文化方面（因为我们是文盲）或物质方面（因为要成为有文化的人，就要有相当发达的物质生产资料的生产，要有相当的物质基础），对于我们说来，都是异常困难的”。[①] 也就是说，政治革命、社会革命（尤其是经济改革）是文化革命的先导与基础。与此同时，列宁也强调文化革命的政治目的和经济目的，即进行文化革命的目的是促进政治变革的顺利推进和经济目的的早日实现。总之，三者是辩证统一的。

（三）改革需要首创精神与榜样力量的助力

在对社会主义改革事业前所未知的情况下，如何成功地开拓社会主义改革事业的新局面呢？列宁将目光与希望转向了首创精神和榜样力量。他高度重视并极度赞扬首创精神，赋予首创精神以决定历史的伟大意义；他十分看重并极为推崇榜样力量，赋予榜样力量以启发全国的重大意义。

如何发挥首创精神呢？在列宁看来，首创精神是与自主程度、独立程度相联系的。新经济政策实施以后，列宁开始注重自下而上的创新推动力。他深知，若想发扬地方和群众的首创精神，首先需要扩大他们的自主程度、提高他们的独立程度，党和国家在这方面负有不可推卸的责任。正因此，列宁在《论粮食税》（1921 年 4 月）中强调：“党和苏维埃机关的所有工作人员，必须全力以赴、全神贯注地培养和唤起各地方在经济建设事业中较大的主动性——省里的要大；县里的更大；乡和村里的还要大”[②]；在《劳动国防委员会给各地方苏维埃机关的指令草案》（1921 年 5 月）中提出，“各种各样的能尽量发

① 《列宁专题文集 · 论社会主义》，人民出版社 2009 年版，第 355 页。

② 《列宁专题文集 · 论社会主义》，人民出版社 2009 年版，第 227 页。

挥地方首创精神的办法都应当进行试验”，制定地方条例时要“发扬而不是限制‘地方’的特别是基层组织的独创精神”。[①] 列宁如此看重和强调地方的首创精神和群众的创造活力，还有一个重要的政治目的，就是希望“用地方经验和地方监督来检查中央机关的工作以及由中央来检查地方的工作，从而克服拖拉作风和官僚主义”[②]。

为何要发挥首创精神呢？在列宁看来，首创精神有助于催生模范工作进而迸发榜样力量。在地方首创精神推动下，会涌现出可供效仿的模范工作，而“模范的地方工作，哪怕是很小范围内的地方工作，往往比中央许多部门的国家工作具有更重要的全国性意义”[③]。列宁为何赋予地方模范工作以全国性的重大意义呢？因为，在列宁看来，“模范工作是培养工作人员的园地，是可供仿效的榜样，有了榜样，仿效就会比较容易了”。另外，在党和国家的帮助之下，各地都可以广泛地仿效这种榜样，如此一来，“模范乡或模范县将起到不仅是巨大的，而且简直是有决定意义的历史作用”。[④]

综上可知，列宁在社会主义实践中形成的社会主义改革观，不仅是马克思主义革命观的创造性应用，更是马克思主义改革观的创新性发展。这不仅拓宽了社会主义改革理论的思路，而且开创了社会主义改革事业的先河。从这个层面上来说，列宁是当之无愧的“社会主义改革第一人”。

第四节　策略性概念

形势的千变万化需要策略的“紧追不舍”。正因此，紧追形势而行的列宁主义常常被称为“策略”而非“哲学”。从表面上来看，这种称谓似乎是有道理的，但从根本上来说，这恐怕是对“现实辩证

① 《列宁选集》第4卷，人民出版社2012年版，第528—530页。

② 《列宁选集》第4卷，人民出版社2012年版，第528页。

③ 《列宁专题文集·论社会主义》，人民出版社2009年版，第229页。

④ 《列宁专题文集·论社会主义》，人民出版社2009年版，第231—232页。

法”的误解。本节将选取列宁后期较为重视的两种策略——“联盟”与“妥协”进行分析与探讨，希望能够揭示出这种貌似轻率的选择背后的理论依据与现实依据。

一　联盟：以工农联盟为主体的团结策略

在内外交困、孤立无援的情况下，“联盟”便成为初生政权保存实力、强大自我的现实策略。进入社会主义建设时期，尤其是新经济政策时期以后，列宁通过“联盟”的方式为苏维埃政权设下了层层防护，也通过“联盟”的方式为社会主义建设展开了新的篇章。

（一）跨越阶级的经济联盟

单靠无产阶级及其政党的手是无法建立起真正的社会主义的。因此，社会主义建设需要借助其他阶级的力量。对于这一问题，列宁主要存在两种主张：一是建立工人阶级与农民阶级的经济联盟；二是建立资本主义与社会主义的经济联盟。两者既有关联又存在根本区别。就其关联而言，两者都是从社会主义直接过渡遭受挫折之后的反思中而来的，其经济目的均在于恢复经济、发展生产。就其根本区别而言，前者建基于工农平等的基本认识之上，而后者只是隐忍求生的权宜之计。因此，此处主要探讨工农阶级之间的经济联盟。

就认识基础而言，工农经济联盟的思想建立在对工农平等的认同之上。列宁专门在俄共（布）第八次代表大会上就这一问题进行了阐释和说明。他并不否认和忽视宪法所承认的无产阶级比农民占有优越地位。但他认为，工农地位的不平等并不是由宪法所规定的，确切地说，是宪法对实际情况的一种记载。因为在革命时代，“组织无产阶级比组织农民快得多，这就使工人成了革命的支柱，使工人实际上获得了优越地位”①。既然是宪法对事实进行的记载，那么，接下来就需要从改变事实做起，即“往后的任务就是从这种优越地位逐渐过

① 《列宁专题文集·论无产阶级政党》，人民出版社 2009 年版，第 221 页。

渡到工农平等"[①]。如此一来，列宁便在认识层面为工农阶级之间建立经济联盟扫清了思想障碍。

就实践基础而言，工农经济联盟的思想建立在对过渡挫折的反思之上。其实，在工农阶级之间建立联盟的思想并不是社会主义建设时期才形成的。早在社会主义革命时期，列宁就主张在工农之间建立政治联盟、军事联盟，并依靠这种政治联盟和经济联盟取得了十月革命的胜利。进入社会主义建设时期以后，列宁曾试图以共产主义的方式在工农之间结成经济联盟，但这种尝试超出了农民群众的认识水平和接受能力，效果并不良好，甚至危及无产阶级政权。由此，列宁认识到，俄国"实际上不是工人国家，而是工农国家"[②]，工农关系"决定着共和国的命运"[③]，其中，农民是"决定性的因素"[④]。因此，当他再次强调在工农之间建立经济联盟的时候，他实质上是强调在工农之间建立一种正常的经济联盟。也只有在工农之间建立起一种"正常的关系"，才能建立起"十分巩固的经济联盟"[⑤]。何为正常呢？简单来说，就是消除城乡对立，在工农平等的基础上实现有买有卖、公平交易。

（二）超越国界的革命联盟

列宁拥有一个"世界苏维埃共和国"的理想。他多次自称"国际主义者"，号召"实现世界各民族工农的紧密团结，力求使它们完全合并成为一个统一的世界苏维埃共和国"[⑥]。对列宁而言，这种世界苏维埃共和国并不是"乌托邦"，而是通过努力可以实现的理想。为此，他号召全世界无产阶级兄弟联合起来，发动国际社会主义革命，并为此建立了第三国际即共产国际。

世界革命的思想是列宁从马克思、恩格斯那里吸收而来并至死不

① 《列宁专题文集·论无产阶级政党》，人民出版社2009年版，第221页。

② 《列宁选集》第4卷，人民出版社2012年版，第373页。

③ 《列宁选集》第4卷，人民出版社2012年版，第459页。

④ 《列宁选集》第4卷，人民出版社2012年版，第722页。

⑤ 《列宁选集》第4卷，人民出版社2012年版，第533页。

⑥ 《列宁选集》第4卷，人民出版社2012年版，第98页。

渝的理想和信念。他坚持认为社会主义的实现“需要有全世界工人的合作，全世界的工人则应当联合自己的一切力量来保证彻底的胜利”①。即便是十月革命胜利之后，列宁依然认为，如果俄国革命孤立无援，那最终的胜利是没有希望的。在困难重重的情况下，只有世界社会主义革命才能够将被围困的俄国解救出来。虽然列宁自己也承认没有办法估计世界社会主义革命何时爆发以及在哪里爆发，但他对世界革命充满信心并坚信世界革命的发生是具有科学预见的。对此，他在每年的讲话中均有所涉及：1918 年，在俄共（布）第七次（紧急）代表大会上指出，“国际革命必然会到来，但是目前还没有成熟”②；1919 年，在《为战胜邓尼金告乌克兰工农书》中指出，“资本是一种国际的势力。要战胜这种势力，需要有工人的国际联合和国际友爱”③；1920 年，在为共产国际第二次代表大会准备的文件中指出，“没有世界各国和各民族的无产阶级以至全体劳动群众自愿要求结盟和统一的愿望，战胜资本主义这一事业是不能顺利完成的”④；1922 年，在《政治家札记》中指出，“我们向来笃信并一再重申马克思主义的一个起码的真理，即要取得社会主义的胜利，必须有几个先进国家的工人的共同努力”⑤；1923 年，在《宁肯少些，但要好些》中指出，“在这个意义上说，社会主义的最终胜利是完全和绝对有保证的”⑥。可以说，世界革命是列宁至死不渝的理想和信念。

为实现世界苏维埃共和国的理想、为促进世界社会主义革命的爆发，列宁作出的最大努力便是建立第三国际即共产国际。早在世界帝国主义大战爆发、第二国际破产之时，列宁就提出了建立各国无产阶级政党新的国际联合组织的设想。1919 年 3 月，在许多国家已经相继成立了共产党和共产主义组织的情况下，列宁倡导和组织的第三个

① 《列宁专题文集·论社会主义》，人民出版社 2009 年版，第 383 页。
② 《列宁选集》第 3 卷，人民出版社 2012 年版，第 449 页。
③ 《列宁选集》第 4 卷，人民出版社 2012 年版，第 97 页。
④ 《列宁选集》第 4 卷，人民出版社 2012 年版，第 222 页。
⑤ 《列宁选集》第 4 卷，人民出版社 2012 年版，第 640 页。
⑥ 《列宁选集》第 4 卷，人民出版社 2012 年版，第 796 页。

“国际工人协会”（简称“第三国际”，也叫共产国际）在莫斯科正式成立。列宁在随后的《第三国际及其在历史上的地位》（1919 年 4 月）中指出，第三国际最突出的特点与使命在于“现时就开始在一定程度上与苏维埃社会主义共和国联盟相吻合”①。在他看来，“只有新成立的第三国际即共产国际才是真正无产阶级的和革命的国际”②。总的来说，列宁所号召建立的这个全世界无产阶级及其政党国际联盟，既是对自己世界苏维埃共和国理想的坚守和实践，又是对《共产党宣言》“全世界无产者联合起来”口号的继承与发展。

（三）横越党群的思想联盟

列宁深知，共产党员的数量与力量极其有限，真正的社会主义建设的力量蕴藏在广大的非党群众之中。因此，他十分注重在共产党员与非共产党员之间建立紧密的联盟。在这一方面，列宁有非常精彩的论述，即“如果共产党员以为单靠革命家的手就能完成革命事业，那将是他们最大最危险的错误之一。恰恰相反，要使任何一件重大的革命工作得到成功，就必须懂得，革命家只能起真正富有生命力的先进阶级的先锋队的作用，必须善于实现这一点。先锋队只有当它不脱离自己领导的群众并真正引导全体群众前进时，才能完成其先锋队的任务。在各种活动领域中，不同非共产党员结成联盟，就根本谈不上什么有成效的共产主义建设”③。

如何建立党群之间的紧密联盟呢？列宁尤其重视两者之间的思想联盟。这就从根本上抓住了弥合党群关系、建立党群联盟的牢固纽带。具体内容如下。一是与非党群众在哲学层面建立思想联盟。关于这一联盟，上文已经有过详细论述，具体参见第二章第一节第二部分中的“‘战斗唯物主义’如何进行战斗”小节。在此，只作简单陈述：共产党员必须同非党群众中的彻底的唯物主义者结成联盟，与此同时，共产党员还必须同现代自然科学家结成联盟。二是与非党群众

① 《列宁选集》第 3 卷，人民出版社 2012 年版，第 790—791 页。
② 《列宁专题文集·论无产阶级政党》，人民出版社 2009 年版，第 190 页。
③ 《列宁专题文集·论无产阶级政党》，人民出版社 2009 年版，第 343 页。

在监管层面建立思想联盟。彻底的唯物主义者与现代自然科学家基本属于知识分子阶层，但俄国的知识分子毕竟只占非党群众的极少数，非党群众中的大多数则是普通群众甚至是文盲。因此，与非党群众的思想联盟在很大程度上是与普通群众甚至是文盲的联盟。非党普通群众有何特点？其能量又蕴藏在什么地方呢？列宁认为，非党普通群众的突出特点在于他们来自群众并了解群众。因此，非党普通群众能够为国家管理提供切实意见、为国民经济建设出谋划策、为监督国家机关发挥重要作用。简而言之，共产党员与非党普通群众之间能够建立监管层面的思想联盟。

综上可见，列宁所主张的联盟是跨越阶级、超越国界、横越党群的，这种涵盖多方面与国内外的联盟为初生的苏维埃政权起到了保驾护航的作用，使其在内外交困、孤立无援的情况下主要依靠自己的力量在社会主义大地上站立了起来。

二　妥协：以辨别敌友为前提的隐忍策略

"生性充满激情的人厌恶妥协，因为它似乎是投降；理智的人厌恶妥协，因为它似乎是思维混乱。"① 作为既充满激情又相当理智的人，列宁对妥协的态度不仅仅包含"厌恶"，而且包含批判、反对、接受、悦纳等多种复杂情感。这与他对妥协的认识与理解有关。

（一）"毫不妥协"是一种态度与立场

社会主义革命时期，列宁对"妥协"既忌讳又敏感，"毫不妥协"是他所坚持的态度与立场。早在建党初期，列宁就在《俄国社会民主党人的任务》（1897 年底）一文中指出，俄国社会民主党人"无论与其他革命派别订立什么样的实际联盟，都不能而且不应当在理论上、纲领上、旗帜上实行妥协或让步"②。何为"理论""纲领"与"旗帜"？列宁在《为战胜邓尼金告乌克兰工农书》（1919 年 12

① ［美］阿林·弗莫雷斯科：《妥协：政治与哲学的历史》，启蒙编译所译，上海社会科学院出版社 2016 年版，第 39 页。

② 《列宁专题文集·论无产阶级政党》，人民出版社 2009 年版，第 29 页。

月 28 日）中作过较为完整的概括，即“在无产阶级斗争、无产阶级专政、不允许同资产阶级妥协、不允许分散我们抵抗邓尼金的力量这样一些对各民族来说是共同的根本问题上，我们大家，无论大俄罗斯共产党人、乌克兰共产党人或任何其他民族的共产党人，都是不能让步、不能调和的”①。也就是说，在列宁看来，无产阶级斗争、无产阶级专政是革命战争时期不可妥协的根本问题。

之所以得出这种结论，一方面源于列宁对革命的根本认识，即政权问题是一切革命的根本问题，而政权非进行阶级斗争而不可得；另一方面源于列宁对革命的经验总结，即“俄国革命的教训是：劳动群众要挣脱战争、饥荒和地主资本家奴役的铁钳，就只有同社会革命党和孟什维克党完全决裂，认清他们的叛徒嘴脸，拒绝同资产阶级实行任何妥协，坚决站到革命工人这边来”②。正因此，他极力批判资产阶级与专制制度的妥协、“经济派”同自由主义的妥协、工人与厂主的妥协、小资产阶级与资产阶级的妥协、社会革命党人和孟什维克与资产阶级的妥协等。简言之，批判与沙皇专制、资产阶级的任何妥协。也因此，他将右派社会革命党人和孟什维克称为“妥协派”，将社会沙文主义、君主主义称为“妥协主义”，将各国资产阶级、各种小资产阶级政党称为“妥协主义政党”。

总而言之，在社会主义革命时期，对无产阶级斗争、无产阶级专政的“毫不妥协”是列宁所坚守的态度与立场。这也成为社会主义建设时期，列宁将“妥协”视为革命策略的前提，因为“政权已经由一个政党，由无产阶级政党夺取到手，保持下来，巩固下来，甚至没有‘不可靠的同路人’参加。现在已不存在而且也根本不可能存在分掌政权和放弃无产者对资产阶级的专政问题，这时候再说什么妥协，那就等于是鹦鹉学舌，只是简单重复一些背得烂熟但毫不了解其意义的词句”③。

---

① 《列宁选集》第 4 卷，人民出版社 2012 年版，第 101 页。
② 《列宁选集》第 3 卷，人民出版社 2012 年版，第 107 页。
③ 《列宁专题文集・论社会主义》，人民出版社 2009 年版，第 130 页。

（二）“妥协”是一种策略与方法

列宁曾明确表示，俄国“没有妥协的习惯”，俄共（布）也“不想实行任何妥协”。[①] 这与社会主义革命时期“毫不妥协”的态度与立场相一致。但是，无产阶级政权建立之后，列宁一再主张“妥协”，这貌似前后矛盾的主张引起了党内外各种非议与争论，对此，列宁进行过多次的具体解释与详细阐述。概括而言，主要包括三大方面。

其一，从理论根基来说，妥协是马克思主义的基本真理。尽管列宁在《马克思主义的三个来源和三个组成部分》（1913 年 3 月）一文中强调，“马克思学说具有无限力量，就是因为它正确。它完备而严密，它给人们提供了决不同任何迷信、任何反动势力、任何为资产阶级压迫所作的辩护相妥协的完整的世界观”[②]，即不与宗教、沙皇、资产阶级妥协赋予了马克思学说正确性与穿透力。但是，这并不影响列宁将“妥协”视为马克思主义的基本真理。如其在《反对抵制》（1907 年 6 月 26 日）中所言，“马克思主义对历史的曲折道路的态度，实际上同它对妥协的态度是一样的。历史的任何曲折转变都是妥协，是已经没有足够的力量彻底否定新事物的旧事物同还没有足够的力量彻底推翻旧事物的新事物之间的妥协。马克思主义并不拒绝妥协，马克思主义认为必须利用妥协，但这决不排斥马克思主义作为活跃的经常起作用的历史力量去全力进行反对妥协的斗争。谁弄不明白这个似乎矛盾的道理，那他就是对马克思主义一窍不通”[③]。由此可见，在列宁看来，“妥协”作为马克思主义基本真理的合理性在于，新旧事物彼此力量不足时，新事物要学会妥协并利用妥协，这有助于达到反对旧事物的终极目的。后来，列宁还在《共产主义运动中的“左派”幼稚病》（1920 年 4 月至 5 月）一文中援引恩格斯对布朗基派公社战士的批判再次强调了相似的道理，即“妥协”是历史发展

---

① 《列宁专题文集·论社会主义》，人民出版社 2009 年版，第 127—128 页。

② 《列宁专题文集·论马克思主义》，人民出版社 2009 年版，第 67 页。

③ 《列宁专题文集·论马克思主义》，人民出版社 2009 年版，第 138 页。

进程所造成的，并不影响最终目的的追求与实现，同时强调“应当把对共产主义思想的无限忠诚同善于进行一切必要的实际的妥协、机动、通融、迂回、退却等等的才干结合起来”[①]。这从理论根基层面奠定了“妥协”的合理性。

其二，从现实需求来说，妥协是俄国当时特点的必然产物。从本心来说，列宁是不愿意妥协的，但俄国当时的具体特点不得不让列宁作出妥协，即妥协是“从当前阶段的特点产生出来的”[②]。以布列斯特和约为例，列宁虽然承认该和约是同帝国主义相妥协的产物，但他同时认为，与帝国主义相妥协在当时的情况之下“恰恰是必要的”。因为这种妥协是为了脱离险境、保全性命而不是为了当“强盗的同盟者”。[③] 为了更加形象地说明这一道理，列宁在《共产主义运动中的“左派”幼稚病》（1920 年 4 月至 5 月）中举了强盗抢车的例子。他说，假如在乘车的过程中被武装起来的强盗劫持了。如果能够将所带的钱、身份证、手枪乃至汽车全部都交出去，那么就能够安全地摆脱这些强盗的劫持，从而使自身成功地脱离险境。如果没有发疯，谁会说这种自救式的妥协是原则上所不允许的，或者说，这些为了自救而妥协的人们是强盗的同伙呢?！列宁由此得出结论说，妥协是多种多样的，不加分辨地反对一切妥协是一种难以当真对待的孩子气。正确的做法是“应当善于分析每一个妥协或每一种妥协的环境和具体条件”[④]。紧接着，列宁运用这一结论分析了强盗抢车的例子。他说，面对强盗抢车时，貌似都是将钱财和武器交了出去，但这同一种行为中却隐藏着两种不同的人：一种人交出钱财和武器的目的是减少强盗所施以的祸害，以便能够在将来捕获和枪毙他们；另一种人交出钱财和武器的目的则是加入他们并分得抢劫所获得的赃物。列宁补充道，尽管在政治上绝对不会像例子中的两种人那么容易分辨，但是，想要

① 《列宁专题文集·论无产阶级政党》，人民出版社 2009 年版，第 259 页。

② 《列宁专题文集·论社会主义》，人民出版社 2009 年版，第 114 页。

③ 《列宁选集》第 4 卷，人民出版社 2012 年版，第 147 页。

④ 《列宁选集》第 4 卷，人民出版社 2012 年版，第 148 页。

为工人开出一张能治百病的包票，或者保证工人在政治活动中不会面临任何困难、不会遇到任何错综复杂的情况，那么，打这种包票、做这种保证的人简直就是一些游走江湖的骗子。列宁认为，在形势违背意志的情况下，被迫妥协是自我保全的一种手段，是当时当地具体条件的必然产物。这从现实需求层面奠定了“妥协”的合法性。

其三，从具体策略来说，妥协是社会主义建设的内在要求。在列宁看来，妥协一方面是为了脱离险境，另一方面是为了积聚力量。“脱离险境”的主要目的是巩固无产阶级政权，“积聚力量”的主要目的则是建设社会主义。如其 1920 年 7—8 月在共产国际第二次代表大会上所言，“现在我们俄国由于比国际帝国主义弱，常常不得不实行妥协，等待时机，可是我们知道，我们是在维护 125000 万人的利益”①。为建设社会主义所作的妥协突出表现为两个方面：一是与农民进行妥协，尤其是与中农进行妥协。列宁 1919 年 2 月主持起草俄共（布）纲领时，曾对与中农妥协的目的与方法进行过较为详细的说明：“俄共对中农的政策是逐步地有计划地吸引他们参加社会主义建设工作。党的任务是把他们同富农分开，关心他们的需要，把他们吸引到工人阶级方面来，用思想影响的办法而决不用镇压的办法来克服他们的落后性，在一切触及他们切身利益的问题上力求同他们妥协，在确定社会主义改造的方式方面向他们让步。”② 1921 年，苏维埃政权陷入全面危机之后，列宁更是将与农民阶级尤其是中农进行妥协上升到生死存亡的高度，指出“在其他国家的革命还没有到来之前，只有同农民妥协，才能拯救俄国的社会主义革命”③。二是与资本主义进行妥协，主要妥协对象有两个：资本主义的遗留机构以及资本主义的遗留专家。列宁承认，给予专家高额报酬背离了巴黎公社和无产阶级政权的原则，是一种妥协行为，但同时也指出，在能够而且应该管理国家的时候，以高额报酬将受过资本主义训练的最文明的人

---

① 《列宁专题文集·论资本主义》，人民出版社 2009 年版，第 276 页。

② 《列宁专题文集·论无产阶级政党》，人民出版社 2009 年版，第 212 页。

③ 《列宁专题文集·论社会主义》，人民出版社 2009 年版，第 202 页。

吸引过来，是完成社会主义建设经济任务的内在要求。这就从具体策略层面说明了“妥协”的必要性。

（三）“敌友”是“妥协”的前置性概念

列宁在《皮季里姆·索罗金的宝贵自供》（1918 年 11 月 20 日）中指出，“革命的无产者必须知道应该镇压谁，应该善于同谁（在什么时候，用什么方法）妥协”①，简洁而深刻地道出了与“妥协”紧密相关乃至构成“妥协”前置性概念的“敌友”问题。

那么，什么是敌人？什么是朋友？判别的标准和依据是什么？“妥协”与“敌友”又有何关系呢？对列宁而言，敌友的标准与当时的主要任务有关。社会主义革命时期，主要任务是通过无产阶级斗争实现无产阶级专政，因此，这一时期的敌人主要是扰乱无产阶级革命的人与事物，即君主制度、地主与资本家。列宁主张“用一切革命手段反对自己祖国的君主制度、地主和资本家，反对我们祖国的这些最可恶的敌人”②。与这些敌人相妥协的思想与行为都是不可容忍的。按照这种敌友划分标准，妥协的性质可以分为两种：一种是迫于客观条件、为了自保而作的妥协，这种妥协无损革命的忠诚与继续斗争的决心；另一种是由于贪图私利、怯懦萎靡而作的妥协，这种妥协损坏革命的忠诚与继续斗争的决心。由于后一种妥协走向了无产阶级和劳动群众的敌人方面，因此列宁称之为“叛徒的妥协”。

社会主义建设初期，主要任务是使俄国过渡到社会主义社会，因此，这一时期的敌人主要是阻碍社会主义建设的人和事物。此时，敌人的内涵不单指某一种反动意识形态或思想潮流，某一个特定的阶级或国家，而且指落后的现实条件与粗糙的个人品质。例如：列宁认为，被剥夺了资产的资产者因为善于经营成为无产阶级学习的榜样，在一定程度上成为友；指出“中农不是我们的敌人。他们过去动摇，现在动摇，将来还会动摇。争取动摇者的任务和推翻剥削者、战胜猖

① 《列宁选集》第 3 卷，人民出版社 2012 年版，第 583 页。
② 《列宁选集》第 2 卷，人民出版社 2012 年版，第 451 页。

獗的敌人的任务是不一样的。善于同中农妥协”[①]。难能可贵的是，列宁将“敌人”的概念延及党内，提出粗糙与落后于共产主义理想的个人品质成为潜在的敌人，甚至是致命的敌人。具体而言，列宁认为，共产党员面前有三大敌人：“狂妄自大”“文盲”“贪污受贿”。因此，列宁认为，社会主义建设时期要学会与农民妥协、与资本主义遗留下来的有利于社会主义建设的因素妥协，但不能与自我的弱点妥协，要与存在于党内与机关的恶习作坚决的斗争。

由此可见，对列宁而言，妥协的性质取决于与敌友的背向，妥协的对象取决于对敌友的辨别。简言之，辨别敌友成为是否妥协的首要问题。

---

① 《列宁选集》第3卷，人民出版社2012年版，第583—584页。

第三章　列宁后期政治哲学的重要命题

上一章以“概念”形式对列宁后期政治哲学的主要内容进行了初步阐释，这一章将以“命题”为载体对其进行进一步的专题性分析。研读列宁原著可知，他是个不折不扣的“金句手”。所谓“金句”，不仅指用语精到、掷地有声，更是指目光敏锐、思想有力。换言之，列宁颇善用简洁言辞表达深厚道理。本章将从列宁后期政治哲学的题眼——“建设”——出发，分别选取政治建设、经济建设、文化建设三个方面的十个经典命题，进行重点论述和扩展分析。这十个关乎“社会主义建设”的政治哲学命题，在当时具有创造性意义，在现代具有启发性功能，值得在新时代的新形势下重新理解与学习借鉴。

第一节　关于政治建设的重要命题

群众、政党、国家机关、群众性组织是列宁后期政治建设的四大着力点。围绕这四大着力点，列宁作出过诸多经典论述。在此，各选其中较为精彩且较具恒久价值的四个命题进行追问和探讨。

一　劳动群众是力量之源

社会主义建设的力量从哪里来？在列宁看来，“共产党员不过是沧海一粟，不过是人民大海中的一粟而已”[①]，因此，“社会主义建设就不仅仅是作为沧海一粟的共产党的事业，而是全体劳动群众的事业”[②]。简言之，劳动群众才是社会主义建设的真正力量之源。

（一）群众力量不分内外、脑体和男女

十月革命胜利的事实表明，“最富有革命经验的就是革命群众自身，当千百万人都来援助数十个党员时，他们自己实际上就在掐住他们的剥削者的咽喉”[③]。所以，“彻底地坚决地依靠群众”成为十月革命胜利最重要的经验。进入社会主义建设时期以后，列宁依然将劳动群众视为坚实的依靠力量。只是这种依靠力量的组成部分与革命时期有所不同。在列宁看来，社会主义建设时期的劳动群众中，有三类力量尤为值得重视。第一类是非共产党员普通劳动群众。列宁指出，共产党员与优秀人才终究都只是少数，因此，只靠共产党员和优秀人才的双手来建设社会主义是十分幼稚的想法，应当注意非共产党员普通劳动群众，学会“用非共产党人的手来建设共产主义”[④]。第二类是脑力劳动群众。十月革命胜利之初，列宁就提出“没有各种学术、技术和实际工作领域的专家的指导，向社会主义过渡是不可能的”[⑤]，因此，他强调要像爱护眼珠那样爱护各个领域的专家，并为这些专家提供生活和工作等各个方面的超规格待遇。第三类是妇女劳动群众。列宁认为，“苏维埃政权所开始的这一事业，只有在全俄国千百万妇女而不是几百个妇女参加进来时，才能够向前推进”[⑥]。因此，要将妇女从日常家庭生活、琐碎家庭劳务中解放出来，不仅使妇女获得在经济工作中的参与权，而且要“使政治成为每个劳动妇女都能参与的事情”[⑦]，从而为广大劳动妇女开辟广阔的活动场所，使其与男子一

---

① 《列宁专题文集·论社会主义》，人民出版社2009年版，第336页。
② 《列宁专题文集·论社会主义》，人民出版社2009年版，第331页。
③ 《列宁选集》第3卷，人民出版社2012年版，第404页。
④ 《列宁专题文集·论社会主义》，人民出版社2009年版，第337页。
⑤ 《列宁专题文集·论社会主义》，人民出版社2009年版，第88页。
⑥ 《列宁选集》第4卷，人民出版社2012年版，第50页。
⑦ 《列宁选集》第4卷，人民出版社2012年版，第49页。

道参与社会主义建设的新工作。

（二）群众力量的发挥需要激发和组织

劳动群众虽然是真正的力量之源，但这种力量之源是作为潜力存在的，不会自然而然地成为社会主义建设的支柱力量。究其因，一方面是劳动群众“还没有充分地相信自己的力量；由于历代的传统影响，他们非常习惯于等待上面的命令”①；另一方面“散漫性和分散性是使资本有力量而劳动没有力量的根源之一”②。也就是说，压抑性、依赖性、散漫性、分散性成为阻碍劳动群众迸发社会主义建设活力的主要障碍。那么，如何克服这些主要障碍，从而激发劳动群众的潜在力量呢？列宁尤为重视组织和纪律的作用。他曾在《悼念雅·米·斯维尔德洛夫》（1919 年 3 月 18 日）中指出，革命暴力貌似是无产阶级取得胜利的最引人注意的特征，但革命暴力是有条件、有局限的，它只有在一定的特殊的条件下才是必要的、合理的。革命无比深刻恒久的特点在于组织群众，“把千百万劳动群众组织起来”才是革命最有利的条件以及革命取得胜利的最深刻的根源。③ 也就是说，劳动群众力量的发挥在于组织，在于团结一致，在于齐整和聚合。为此，需要建立社会主义的新的社会关系、新的劳动组织、新的劳动纪律。新的劳动组织依靠的并不是棍棒纪律、饥饿纪律，而是“联合起来的自觉的工作者的纪律”④。这就“需要在大量的日常工作中表现出来的最持久、最顽强、最难得的英勇精神”⑤，简言之，就是用革命精神去从事工作。列宁强调，“要实现共产主义，绝对需要在全国范围内把劳动最高度地最严格地集中起来”⑥。因此，与其说劳动群众是力量源泉，不如说劳动群众的组织性和纪律性是最终的力量源泉。

---

① 《列宁选集》第 3 卷，人民出版社 2012 年版，第 414 页。
② 《列宁选集》第 3 卷，人民出版社 2012 年版，第 728 页。
③ 《列宁选集》第 3 卷，人民出版社 2012 年版，第 709 页。
④ 《列宁专题文集·论社会主义》，人民出版社 2009 年版，第 147 页。
⑤ 《列宁专题文集·论社会主义》，人民出版社 2009 年版，第 148 页。
⑥ 《列宁专题文集·论无产阶级政党》，人民出版社 2009 年版，第 198 页。

（三）群众力量的汇集需要吸引和争取

组织和纪律无疑是有效的，但其往往过于强硬而难以长久为继。群众力量的源源不断地汇集还需要依靠社会主义事业的吸引力和无产阶级政党对群众力量的广泛争取。如何吸引劳动群众的目光、汇集劳动群众的力量呢？简单来说，惠能使人。如同列宁在给副财政人民委员弗拉基米罗夫的“临别赠言”中所言：“老实讲，农民并不理会谁，什么样的领导坐在城里，谁在克里姆林宫统治。对他们来说，重要的是从城市得到什么，克里姆林宫给他们什么。他们会使用这样的试金石：同沙皇时期相比，他们生活变得好一些，还是变坏了。”① 也就是说，实际生活的帮助是吸引和争取群众力量的简洁有效的途径。这就需要走进群众、倾听群众，考察他们的情绪、感知他们的需要、答复他们的诉求。即便对于落后分子，也要善于对其进行说服，“善于在他们中间进行工作，而不是……把自己同他们隔离开来”②。这就从物质和精神两个方面对群众力量进行了感召。此外，列宁还非常重视非党工农代表会议。在他看来，非党工农群众虽然暂时不能入党，但他们是党最可靠的朋友，因此，应当吸引党外群众参加党和国家的管理工作，使其成为政党进行国家管理的助手，甚至可以从劳动群众中提拔优秀人才来担任公职。

二　党要团结得像一个人一样

在列宁看来，党内分裂，尤其是党中央的分歧，是党内最严重的危机之一。如其所言，“内部的危险在某种意义上比邓尼金和尤登尼奇的危险还要大，因此我们不仅需要形式上的团结，而且需要非常坚固的团结”③。何种团结谓之“坚固”呢？简单来说，就是“团结得

---

① 转引自郑异凡《农民的“布列斯特”——列宁是怎样对农民妥协让步的》，《科学社会主义》2010 年第 4 期。

② 《列宁选集》第 4 卷，人民出版社 2012 年版，第 164 页。

③ 《列宁专题文集·论无产阶级政党》，人民出版社 2009 年版，第 306 页。

像一个人”① 一样。

（一）微小的分歧隐藏着分裂的可能

分裂是党内时常隐藏且可能致命的重大危机。那么，分裂是如何形成的呢？在列宁看来，分裂的最初表现形式是分歧。一开始，党内可能只是存在一些很小的甚至是微不足道的分歧，但是，这些微小的分歧有可能发展成为较大的分歧，甚至是可能导致分裂的分歧。在政策、路线、方针等方面存在分歧是正常的，也是难免的。问题在于，分歧存在大小之分和性质之别。如果分歧较小，通过争论、说服、教育等形式能够消除，那么，这种分歧是良性的。因为它不仅没有政治危险，反而能够增进党的团结和统一。如果分歧“有可能发展成为分裂，发展成为严重的分裂而足以动摇和破坏整个政治大厦，足以造成……火车倾覆的话，那么这种分歧在政治上就会是危险的”②。执政党要竭力避免的正是这种恶性的分歧。恶性分歧发展到一定程度则会呈现为派别活动，派别活动的存在会削弱党的力量，加大党的分裂。因此，列宁在《俄共第十次代表大会关于党的统一的决议草案初稿》（1921 年 3 月）中，对派别活动作出了“两个绝不容许”的硬性要求，即绝不容许存在任何派别活动、绝不容许发表任何派别言论，并主张严禁一切派别活动、解散一切派别集团、处分一切派别分子，以求坚决维护和长久保持党的统一。

（二）党的统一重在核心稳定与基底协调

列宁向来强调抓工作的主要环节，在维护党的统一方面亦不例外。在“党的统一”这个问题上，列宁主要秉持两种观点：一是强调核心要稳定，即中央委员会要保持团结稳定；二是强调基底要协调，即工农阶级要保持协调一致。在他看来，中央委员会作为党的核心领导机关，它的团结与稳定是保证党的统一的最为重要的条件。为此，列宁建议“把中央委员人数增加到几十人甚至 100 人”，以便

---

① 《列宁选集》第 3 卷，人民出版社 2012 年版，第 357 页。

② 《列宁选集》第 4 卷，人民出版社 2012 年版，第 398 页。

“防止中央委员会一小部分人的冲突对党的整个前途产生过分大的影响”。[①] 哪“一小部分人”的冲突会对党的前途产生大的影响呢？列宁在《给代表大会的信》（1922 年 12 月）中点明了具体人物，即“像斯大林和托洛茨基这样的中央委员”，并进一步指出，“分裂的危险，一大半是由他们之间的关系构成的，而这种分裂是可以避免的”。[②] 这种分裂虽然是领导人个人特性所造成的，但“是一种可能具有决定意义的小事”[③]，因此要极力避免。增加中央委员会人数恰是列宁为避免这种分裂开出的一剂药方。虽然列宁将中央委员会的团结稳定视为保持党的统一的最重要条件，但是在他看来，还有比这个“最重要条件”更要命的，那就是工农阶级的协调一致。如其所言，“我们党依靠的是两个阶级，因此，如果这两个阶级不能协调一致，那么党就可能不稳定，它的垮台就不可避免。一旦出现这种情况，采取任何措施，怎么谈论我们中央委员会的稳定性，都是没有用的”[④]。这便是列宁在俄共（布）第十次代表大会上，将实物税代替余粮收集制问题视为“首先而且主要是一个政治问题”[⑤] 的原因所在。由此可见，党的统一不仅在于内在核心的稳定，更在于外在基底的协调，只有上下联动才能彻底保障党的统一。

（三）党内学术探讨不能妨碍政治工作

党内在路线、方针、政策等方面难免存在分歧，列宁认为，对于这种分歧，人为地终止探讨是不可行的，因此，要为其开辟党内探讨的平台。但在探讨过程中，要严格地将学术探讨与政治斗争区别开来。因为“理论上的辩论是一回事，党的政治路线和政治斗争则是另一回事”[⑥]，决不能将两者混淆起来。真理越辩越明，路线则越斗越离。因此，列宁强调，虽然允许在党内开辟探讨平台，但党内毕竟

① 《列宁选集》第 4 卷，人民出版社 2012 年版，第 743 页。
② 《列宁选集》第 4 卷，人民出版社 2012 年版，第 744—745 页。
③ 《列宁选集》第 4 卷，人民出版社 2012 年版，第 746 页。
④ 《列宁选集》第 4 卷，人民出版社 2012 年版，第 744 页。
⑤ 《列宁选集》第 4 卷，人民出版社 2012 年版，第 444 页。
⑥ 《列宁专题文集·论无产阶级政党》，人民出版社 2009 年版，第 306 页。

“不是辩论的俱乐部”[①]，党内学术探讨不能妨碍了政治工作，尤其是在特别紧要的关头。与此同时，列宁还强调“不要放弃学术探讨”[②]。也就是说，列宁是允许并在一定程度上鼓励党内进行学术探讨的，只是强调和要求这种学术探讨不能妨碍到政治工作。学术探讨的目的在于形成正确的思想和统一的意志，以便使数十万共产党员的意志都服从于一个统一的意志，以思想的正确与意志的统一来实现和巩固党内的团结。

三　机关必须服从于政治

列宁后期将机关改革视为划时代的两大任务之一。“机关必须服从于政治”[③]命题是列宁针对粮食人民委员部与合作社之间的权力配置与职能转化而提出的，实际上成为列宁后期党和国家机关改革的基本原则与根本遵循。这一基本原则与根本遵循的合法性建基于列宁对“政治”的定位上，具体可参见第二章第一节“政治：超越‘政权’的大政治观”部分，此处不再赘述。另外，这一命题还具有其合理性与现实性。

（一）“机关必须服从于政治”的合理性建基于列宁对“机关”的定位上

机关是什么呢？在列宁看来，“机关是一种辅助手段”[④]，也就是说，机关是“辅助”与“手段”而非“主导”与“目的”。正因此，机关应该兼备“坚定性”与“灵活性”。“坚定性”是指忠于人民利益、服从政治要求；“灵活性”是指顺应人民需要、服从整体改革。当政治要求机关改变时，机关就要随机应变地作出调整。“如果机关的坚定性变成了僵化，阻碍了变革，那就免不了有一场斗争”；如果机关不能在坚定性基础上做到随机应变，“那它就没有任何用处了”；

---

① 《列宁专题文集·论无产阶级政党》，人民出版社2009年版，第306页。
② 《列宁专题文集·论无产阶级政党》，人民出版社2009年版，第309页。
③ 《列宁选集》第4卷，人民出版社2012年版，第458页。
④ 《列宁选集》第4卷，人民出版社2012年版，第459页。

机关“愈坚定，就愈好，愈能随机应变”。[①]

机关的性质与效能是由什么决定的呢？列宁认为，不同的机关具有不同的性质与效能。其中，最关键的是谁在机关中占绝对优势、占统治地位，这决定了机关的性质与效能。换言之，机关的性质由政权而定、随政权而变，机关的效能由官吏而定、随官吏而变。资产阶级机关代表资产阶级利益，是资产阶级压迫无产阶级的工具；资产阶级官僚是“专干行政事务并在人民面前处于特权地位的特殊阶层的机关”，“人民在官吏面前完全无权”，“特权官僚完全不受监督”，“他们往往是人民的主人，而不是人民的公仆”。[②] 无产阶级机关代表人民利益，以保护劳动者为职责；无产阶级工作人员应当成为人民的公仆，以服务人民为志业。

中央机关对全局工作起到什么样的作用呢？列宁指出，中央机关是砌石的引线，没有引线定标准、定方向，石头就容易砌乱、容易倒掉。“全部政治生活就是由一串无穷无尽的环节组成的一条无穷无尽的链条。政治家的全部艺术就在于找到并且牢牢抓住那个最不容易从手中被打掉的环节，那个当前最重要而且最能保障掌握它的人去掌握整个链条的环节。”[③] 中央机关便是掌控全局的特殊环节。列宁又举例对此进行说明：如果有大批老练石匠可以彼此非常协调地工作，即使不拉引线也能把石头恰到好处地砌在需要的地方，那也许又可以去掌握另一个环节，但事实上并没有一批老练且能够彼此协调工作的石匠，石头往往砌得完全不是地方，不是按一条共同的引线来砌，而是乱砌，那么敌人一吹就会像沙子一样倒掉。由此，道出了中央机关对全局工作的重要性。

（二）“机关必须服从于政治”的现实性建基于列宁对“服从”的定置上

列宁所主张的服从是以民主集中制为根底的。他批判“由全体人

---

① 《列宁选集》第 4 卷，人民出版社 2012 年版，第 459 页。

② 《列宁专题文集·论无产阶级政党》，人民出版社 2009 年版，第 34 页。

③ 《列宁选集》第 1 卷，人民出版社 2012 年版，第 441 页。

员表决一切问题、由全体人员轮流担任职位”的错误民主观念，认为民主的实现必须“成立代表机关和设置专职人员”。[①]代表机关以“部分服从整体，少数服从多数，下级服从上级”为原则，由地方代表机关汇集大多数人的需求与利益，在党中央形成统一意志、在各地方付诸统一行动，以便协同高效地实现人民群众的整体福祉。

如果说民主集中制是服从的制度基础，那么党性便是服从的组织基础。列宁将服从视为党员的必备属性，主张作为无产阶级先进部队的政党，应当“只吸收至少能接受最低限度组织性的分子”[②]；一旦成为党员，就要在享有权利的同时“保证服从党机关的指示”[③]。党员对党组织服从的核心在于对党的领袖的服从。为何要服从党的领袖呢？因为与党员相比，党的领袖进行了“长期的、顽强的、各种各样的、多方面的工作”，获得了“必要的知识、必要的经验、必要的政治嗅觉”，能够“迅速而正确地解决各种复杂的政治问题”。[④]可见，服从党的领袖的根本原因在于，他们可能作出更精准的判断，从而作出更正确的决定。因此，党员对党的领袖服从的实质不是人对人的服从，而是人对更接近真理的正确认识的服从。

与此同时，列宁强调，机关及其工作人员对政治的服从虽说是绝对的、无条件的，但不应是被迫的、机械的，而应是自觉的、能动的。自觉性的培养需要共产主义理想信念、道德教育作支撑，需要政治纪律和政治规矩来约束；能动性的提升需要为民服务意愿引领，需要政权建设能力奠基。可见，在列宁看来，机关对政治的服从是必须的，没有商量余地，但这种“必须服从”是以民主为前提、以党性为基础、以主观能动性为要领的，是一种高层次、高质量的服从。

四　工会是国家政权的蓄水池

工会曾在资本主义发展初期将散漫无助的工人初步联合在一起，

---

① 《列宁选集》第1卷，人民出版社2012年版，第420页。

② 《列宁专题文集·论无产阶级政党》，人民出版社2009年版，第102页。

③ 《列宁专题文集·论无产阶级政党》，人民出版社2009年版，第110页。

④ 《列宁选集》第4卷，人民出版社2012年版，第178页。

因此，在那时算得上工人阶级的一大进步。但是，当工人阶级找到了自身联合的更高形式——政党——之后，工会便显现出其落后性和反动性。当工人阶级政党再带领全体劳动群众成立属于自己的国家之后，工会的去从便成了一个不得不面对又争论不休的问题。关于这一问题，党内出现“工会国家化”和“国家工会化”两种截然对立的观点，其实质在于如何处置工会与无产阶级国家及其政党的关系。对此，列宁提出了“工会是国家政权的蓄水池”① 的观点，并具体阐述了工会与政党、国家、群众、企业等各个方面的关系问题，为新时期处理工会问题指明了正确的方向。

（一）工会是政党管理国家的“助手”

列宁在中央委员会的政治报告（1919 年 12 月）中指出，俄国拥有亿万人口，但党员只有几十万，在这种情况下，包括几百万人的工会就成了政党管理国家的“助手，而且应当是它的助手”②。这个“助手”具有什么样的性质，又占据什么样的地位呢？列宁在次年的《共产主义运动中的“左派”幼稚病》（1920 年 4 月至 5 月）中明确指出，工会“是一个形式上非共产党的、灵活而较为广泛的、极为强大的无产阶级机构”③。也就是说，工会是非共产党的群众性组织，确切地说，是俄国当时最主要最庞大的群众性组织。④ 正因此，列宁对工会问题给予了特别重视，甚至断言“如果对待工会的态度不正确，就会使苏维埃政权灭亡，使无产阶级专政灭亡”⑤。那么，在日常工作中，应当如何处置工会与苏维埃政权的关系呢？列宁指出，“工会应当是国家政权最亲密的和不可缺少的合作者”⑥，“除了通过

① 《列宁专题文集·论辩证唯物主义和历史唯物主义》，人民出版社 2009 年版，第 318 页。

② 《列宁专题文集·论无产阶级政党》，人民出版社 2009 年版，第 236 页。

③ 《列宁选集》第 4 卷，人民出版社 2012 年版，第 158 页。

④ 张春花：《列宁关于工会在社会主义国家管理中的作用理论》，《社会主义研究》2011 年第 6 期。

⑤ 《列宁选集》第 4 卷，人民出版社 2012 年版，第 408 页。

⑥ 《列宁选集》第 4 卷，人民出版社 2012 年版，第 624 页。

工会，通过工会同工人阶级政党的协同动作，无产阶级在世界上任何地方从来没有而且也不能有别的发展道路”①。换言之，党是国家政权的领导者，工会是国家政权的合作者，与此相应，党对工会负有领导和教育的责任，工会对党负有配合和协同的义务。工会与企业又该怎样相处呢？列宁指出，工会不能直接干涉企业管理，而应该“实地训练工人和全体劳动者管理全国的国民经济”②。换言之，工会的职责不是直接管理企业、直接从事经济工作，而是为企业提供能够学习管理、学习从事经济工作的平台。这也是苏维埃政权建立之初，直接管理尝试失败所产生的重要教训。

（二）工会是政党与群众的“传动装置”

“工会是政党管理国家的‘助手’”这一观点指明了工会与政党、国家之间的关系，那么，工会与劳动群众之间又是怎样的关系呢？在列宁看来，无产阶级专政是由若干齿轮组成的复杂体系，而工会是“共产党和群众之间的传动装置”③。如果“没有一些把先锋队和先进阶级群众、把它和劳动群众联结起来的‘传动装置’，就不能实现专政”④。工会如何实现政党和群众之间的顺利“传动”呢？在列宁看来，最基本的工作是联系群众。他指出，“工会是党联系千百万没有知识的群众的一个环节”⑤，“联系群众是工会一切工作的基本条件”⑥。在联系群众的过程中，通过日常工作去了解和判断群众的情绪、需要、愿望、想法、觉悟，并通过日常工作去组织群众、说服群众、教育群众、掌握群众。何为工会的日常工作？又如何有效开展这些日常工作呢？列宁强调，“实行实物奖励，是工会在生产中的作用和任务”⑦。“实物奖励”是什么意思？就是说，进行生活层面的物质

---

① 《列宁选集》第4卷，人民出版社2012年版，第160页。
② 《列宁选集》第4卷，人民出版社2012年版，第625页。
③ 《列宁选集》第4卷，人民出版社2012年版，第626页。
④ 《列宁选集》第4卷，人民出版社2012年版，第370页。
⑤ 《列宁选集》第4卷，人民出版社2012年版，第126页。
⑥ 《列宁选集》第4卷，人民出版社2012年版，第625页。
⑦ 《列宁选集》第4卷，人民出版社2012年版，第380页。

奖励而不是精神层面的口头鼓励。如列宁所言，“现在的问题不是要在提纲里夸奖，而是要给他们面包和肉”[①]。固然，联系群众是工会的最基本工作，但这一工作顺利开展的前提是，工人广泛地加入工会组织。因此，列宁强调，在恢复自愿入会制的情况下，国家应当从权利上和物质上鼓励工人参加工会组织。只有当全体劳动群众更广泛地参加了工会组织，工会才能够更好地联系劳动群众，发挥政党和群众之间的传动作用和润滑作用。

（三）工会是“劳动教育和共产主义教育”的学校

以上两点是工会在社会主义建设时期所担负的政治职能与经济职能。除此之外，列宁还赋予新时期的工会以教育职能。为何要赋予工会以教育职能呢？这首先与他对社会主义建设时期工人的认识与判断有关。如其所言，“工人和旧社会之间从来没有一道万里长城。工人同样保留着许多资本主义社会的传统心理。工人在建设新社会，但他还没有变成新人，没有清除掉旧世界的污泥，他还站在这种没膝的污泥里面”[②]。新时期的工人还沾有哪些资本主义旧世界的“污泥”呢？列宁至少指出了四点，即个人主义倾向、小资产阶级偏见、文化水平较低、管理能力缺乏。为了洗掉新时期工人身上沾有的这些资本主义旧世界“污泥”，列宁提出，社会主义建设时期的工会应“是一个教育的组织，是吸引和训练的组织，它是一所学校，是学习管理的学校，是学习主持经济的学校，是共产主义的学校”[③]。如果工会能够切实履行这种教育职能，那么，它就能为社会主义建设塑造更多具有集体主义倾向、共产主义道德、经济建设能力、国家管理能力的新一代劳动人民。

（四）工会负有“维权”与“维稳”的职责

尽管已经迈入社会主义建设阶段，但是列宁并没有因为称谓的改变而忽视现实的存在。他看到了号称工人国家的俄国现实存在的两个

---

① 《列宁选集》第4卷，人民出版社2012年版，第380页。

② 《列宁专题文集·论社会主义》，人民出版社2009年版，第393—394页。

③ 《列宁选集》第4卷，人民出版社2012年版，第368页。

特点：首先，在这个工人国家中，占人口多数的是农民而不是工人；其次，在这个工人国家中，还存在着较为严重的官僚主义弊病。这两个特点的存在可能导致两种后果。其一，资本主义因素在某些领域、某种程度上复活，尤其是新经济政策实施以后，这种复活的可能性更大，速度更快，程度也更高。因此，劳资矛盾将会成为无法逃避的现实问题。其二，官僚主义的存在不仅会损害社会主义国家的品质，而且可能会使国家在无意识中对工人的利益产生侵犯。为了避免和改善这两种不良后果，就需要“利用这些工人组织来保护工人免受自己国家的侵犯，同时也利用这些工人组织来组织工人保护我们的国家”①，从而使劳动者的利益得到捍卫，劳动者的政权得到巩固。这便是社会主义建设新时期工会所肩负的“维权”职责。另外，工会还负有“维稳”的职责。“商业原则”在国营企业实行之后，难免会导致企业与国家、企业管理人员与企业工人群众之间产生矛盾和冲突。这时候，“工会能在何种程度上采取富有远见的政策，真正从各方面保障工人群众的利益，及时消除可能造成冲突的因素，以有效地防止国营企业发生群众性的冲突，这是衡量工会工作是否正确有效的一种最重要最精确的尺度”②。也就是说，在列宁看来，工会肩负着调解企业相关冲突、维护生产秩序与社会秩序的责任。

第二节　关于经济建设的重要命题

布尔什维克在“政治上的战友”帮助下，推翻了地主和资产阶级所构筑的“安乐园”，开始为无产阶级建设遮风挡雨的社会主义大厦。在一片狼藉之上，从哪里开始着手呢？列宁曾拿着共产主义蓝图，试图从政治与思想方面入手，但事实证明，经济方面才是社会主义大厦的最可靠之基。切入点找到了，问题在于，不善于从事经济工

① 《列宁选集》第 4 卷，人民出版社 2012 年版，第 373 页。

② 《列宁全集》第 33 卷，人民出版社 1957 年版，第 158 页。

作。怎么办呢？列宁开始四处张望，寻找“经济上的战友”。此时，他看到了资本主义遗留的材料和不甘愿再付出的农民，提出利用资本主义的材料建设社会主义并给予农民以经济上的刺激与动因，从而为社会主义建设开启了崭新篇章。

一 从经济上建设社会主义制度的基础是最靠得住的事业

如何奠定社会主义制度之基呢？靠意识形态灌输，还是革命理想激励，抑或其他依托？向社会主义直接过渡的失败让列宁深刻认识到，经济建设才是社会主义制度最可靠的基础。如他在《论黄金在目前和在社会主义完全胜利后的作用》（1921 年 11 月）中所言：“从经济上建设社会主义制度的基础……是我们最靠得住的事业，——无论从原则来看或从实践来看，也无论从俄罗斯联邦的现状来看或从国际方面来看，都是最靠得住的事业。”①

（一）经济权力是“涉及人们日常生活最深基础的权力”

社会主义革命时期的主要目标是获得政治权力，这一目标随着十月革命的胜利而变为现实。进入社会主义建设时期以后，主要目标转变为获得经济权力。政治权力的获得需要依靠政治鼓动和思想教育，可以借助革命情绪、革命理想和革命激情，但经济权力的获得，单单依靠政治和思想层面的东西就远远不够了。在列宁看来，经济权力是“涉及人们日常生活最深基础的权力”②。若想使经济权力真正转归劳动群众，就“必须完全按照新的方式来组织亿万人生活的最深基础”③，也就是通过建设社会主义的经济基础来真正掌握经济权力。然而，“在破坏了的封建基地和半破坏的资本主义基地上为新的社会主义大厦奠定经济基础”④ 是一项极为困难且远远没有完成的事业。完成这项事业的关键是什么呢？在列宁看来，是提高劳动生产率。因

---

① 《列宁专题文集·论社会主义》，人民出版社 2009 年版，第 292 页。

② 《列宁选集》第 3 卷，人民出版社 2012 年版，第 544 页。

③ 《列宁选集》第 3 卷，人民出版社 2012 年版，第 544 页。

④ 《列宁选集》第 4 卷，人民出版社 2012 年版，第 569 页。

为“劳动生产率归根到底是使新社会制度取得胜利的最重要最主要的东西”①。由此可见，在列宁看来，经济权力的核心在于经济能力，经济能力的关键在于劳动能力。如此一来，权力论便最终落脚在了能力论上。

（二）经济基础是建立与维持社会主义基本秩序的前提

建立和维持社会主义秩序是十月革命胜利之后的列宁想方设法完成的事情。为了这项“新的、伟大的、创造性的工作”②，列宁力排众议，说服党内签订了《布列斯特和约》，希望能够用空间换取一些建立社会主义基本秩序的时间。《布列斯特和约》签订之后，列宁在《苏维埃政权的当前任务》（1918 年 4 月）中提出，“现在提上日程的是恢复被战争和资产阶级统治所破坏的生产力，医治由战争、军事失败、投机活动和资产阶级妄图恢复被推翻的剥削者政权的行径所造成的创伤，发展国家的经济，稳固地维持基本秩序”③。在此，列宁较为明确地指出了经济与秩序之间的关系，将经济视为社会主义秩序建立和维护的基础。可以说，这种认识是相当准确的，因为稍后几年的事实从正反两个方面证明了这一判断的正确性。正是没有机会恢复和提高被破坏的生产力，没有及时妥善处理工农兵的经济要求，以致引发工人罢工、农民暴动、水兵起义，严重破坏了社会主义的建设秩序。新经济政策之后，较快地恢复和发展了生产力，较好地满足了工农兵群众的经济要求，较稳妥地重构了社会主义的建设秩序，较成功地巩固了社会主义事业的基础。因此，经济基础是建立和维持社会主义基本秩序的首要前提，同样也是必要前提。

（三）经济组织是调节和促进社会主义整体建设的支撑

前文已经探讨过社会主义建设的真正力量之源是劳动群众，而劳动群众力量的发挥在于激发和组织。社会主义经济建设同样适用于这一道理。换言之，在社会主义经济建设乃至社会主义整体建设过程

---

① 《列宁选集》第 4 卷，人民出版社 2012 年版，第 16 页。
② 《列宁选集》第 3 卷，人民出版社 2012 年版，第 382 页。
③ 《列宁选集》第 3 卷，人民出版社 2012 年版，第 478 页。

中，组织工作发挥着关键的凝聚作用。列宁后期比较重视两类经济组织：一是经济组织的部门；二是经济组织的活动。就经济组织部门而言，列宁尤为重视经济委员会的地位和作用。他在全俄国民经济委员会第一次代表大会上强调，“在一切国家机关中，将来只有国民经济委员会能够保持自己巩固的地位，我们愈接近于社会主义制度的建立，对于纯行政机构，即实际上只是做管理工作的机构的需要愈减少，国民经济委员会的这种地位就愈巩固”①。由此可见，在列宁那里，社会主义制度越巩固，国民经济委员会的地位越高、作用越大，重要性越凸显。就经济组织活动而言，列宁尤为重视制定经济计划。制定经济计划是经济建设资源匮乏、经济建设能力低下的处境中，使仅有的人力、物力、财力“各得其所”，以最小消耗发挥最大效能的有效且带有必然性的选择。可以说，这两种类型的经济组织支撑、调节、促进社会主义的经济建设乃至社会主义的整体建设。

二 用资本主义创造的材料来建设社会主义

资本主义的材料是列宁所找到的进行社会主义经济建设的“战友之一”。为何如此选择呢？这与俄国当时的处境有关。马克思和恩格斯都曾设想过俄国不经过资本主义阶段而直接走上社会主义道路。但事与愿违，资本主义在 19 世纪下半叶的俄国落地生根。到了十月革命胜利之时，留待列宁耕耘的是五种经济成分纵横交错的俄国土地。由小农经济自发产生的资本主义作为俄国五种经济成分的重要一极，有着欣欣向荣、不可阻挡的发展势头，这种情况下，列宁不得不提出“利用资本主义创造的材料来建设社会主义”的命题。

（一）不可信赖不代表不可利用

利用资本主义所创造的材料，这既是建立共产主义的困难所在，也是建成共产主义的保证所在。之所以难，是因为资本主义所创造的材料不可避免地浸染着资产阶级的世界观、习惯、文化与心理。对

① 《列宁选集》第 3 卷，人民出版社 2012 年版，第 543 页。

此，列宁强调，“在政治上不可信赖；但决不应当得出结论说，可以不利用它来进行管理和建设”①。也就是说，政治上不去信赖资本主义创造的材料是合理的、必要的，但拒绝利用它们来进行管理和建设则是愚蠢的、有害的。列宁甚至断言“社会主义能否实现，就取决于我们把苏维埃政权和苏维埃管理组织同资本主义最新的进步的东西结合得好坏”②。需要说明的是，此处的“资本主义”既包括国内资本主义，也包括国外资本主义。对于国内资本主义而言，问题在于如何利用资本主义过去遗留的材料，以便使俄国从资本主义迂回过渡到社会主义；对于国外资本主义而言，问题在于如何利用资本主义最新创造的资本、技术、管理等先进生产要素，以便促进社会主义经济的启动和发展。可见，列宁不但十分重视国内资本主义所遗留的旧材料，而且非常重视国外资本主义所创造的新材料。他甚至将后者与自身最低限度的生存问题相联系，提出“社会主义共和国不同世界发生联系是不能生存下去的，在目前情况下应当把自己的生存同资本主义的关系联系起来”③。可以说，列宁所秉承的是一种既包容又开放的发展观。

（二）只能从旧社会的材料出发

社会主义不可能赤手空拳地凭空创造出来，它只能在初始点上借用一砖一瓦逐渐构建起来。然而，纯粹的社会主义砖瓦是不存在的，这时，利用旧社会的材料便是最优的现实选择。这种思维方式也是列宁现实辩证法的精华所在，即无论在何种处境中都竭力发现对自己有利的因素并巧用这些因素帮助自己创造更佳的处境。那么，资本主义为社会主义建设遗留了哪些可利用的材料呢？列宁在《青年团的任务》（1920 年 10 月）中有较为完整的表述，即“青年的训练、培养和教育应当以旧社会遗留给我们的材料为出发点。我们只能利用旧社会遗留给我们的全部知识、组织和机关，在旧社会遗留下来的人力和

① 《列宁选集》第 3 卷，人民出版社 2012 年版，第 690 页。
② 《列宁选集》第 3 卷，人民出版社 2012 年版，第 492 页。
③ 《列宁专题文集 · 论社会主义》，人民出版社 2009 年版，第 387 页。

物力的条件下建设共产主义"①。列宁在此处点明的材料是针对训练、培养和教育青年的，其实，培养社会主义新青年与建设社会主义新事业是同一个道理甚至是同一个过程，所能凭赖的事物也是高度一致的。鲁迅曾说，一个人要想离开社会而生存，就如同想要拔着自己的头发离开地球一样不可能。同理，一项新的事业想要离开旧的土壤而生存，也如同想要拔着自己的头发离开大地一样不可能。因此，社会主义新事业的开辟能且只能以旧社会的材料为出发点，将资本主义旧材料为己所用地去开辟社会主义新事业。

（三）利用的最终目的在于拥有

从根本上说，列宁对"资本主义材料"所秉持的态度，不单单是"拿来主义"、为己所用，其更真实、更本质的目的在于完全吃透、为己所有。简而言之，其利用的最终目的在于拥有。以租让为例，列宁认为，"不仅经济上的考虑和世界经济的形势应该是行动的基础，政治上的深谋远虑也应该是行动的基础"②。以此观之，租让的政治意义在于利用帝国主义之间的矛盾，通过"两贼相争"而使自己得利；经济意义在于在没有能力利用丰富自然资源的情况下，通过租让来获得产品、技术、管理、机器等关乎生产生活的关键要素。列宁强调，租让并不是"社会主义牛犊"和"资本主义豺狼"的和解，而是一场新形势、新领域下的新战争。在这场战争里，俄国并不会损失什么，为学习而付出的自然资源代价终会在关键要素的获取中得到补偿。只要"社会主义牛犊"能够利用租让政策，拥有资本主义的关键要素，使自己尽快强大起来，获得独立从事经济建设的能力和可以与资本主义相抗衡的实力，便能最终打败"资本主义豺狼"。简单来说，就是用自己拥有但无法使用的东西去换取自己迫切需要的东西，而迫切需要的东西一旦获得，那么，自己不仅可以使用自己原有的东西而且可以收回自己曾付出的东西。从这个意义上说，利用资本主义

---

① 《列宁专题文集·论无产阶级政党》，人民出版社2009年版，第278页。

② 《列宁选集》第4卷，人民出版社2012年版，第331页。

材料的最终目的在于拥有像资本主义一样甚至更强的生产生活能力。

三　整个问题在于使农民有一种经济上的刺激与动因

列宁比马克思、恩格斯更关注农民的地位和作用，在生命后期走过了“重农—知农—事农”的心路历程。尽管大多时候列宁也用“愚昧无知”等负面字眼形容农民，但这并不影响他对农民力量的重视和挖掘。只是没有把握好战时共产主义政策中余粮收集制的实施限度和适用范围，以致消解了农民建设社会主义的积极性，致使社会主义建设遭遇挫折陷入了困境。为此，列宁提出了“整个问题在于使农民有一种经济上的刺激和动因”[①] 的命题。

（一）土地可以安慰和满足农民

土地是农民的命根子，这恐怕在哪里都不例外。列宁也深知土地对于农民的极端重要性，因此，他在革命时期将土地作为重要斗争目标，在建设时期又将土地作为首要解决问题。十月革命胜利的第二天，列宁在全俄工兵代表苏维埃第二次代表大会《关于土地问题的报告》（1917 年 10 月 26 日〔11 月 8 日〕）中提出“工农革命政府首先应当解决土地问题，——能使广大贫苦农民群众得到安慰和满足的问题”，与此同时，颁布《土地法令》，作出“立刻废除地主土地所有制”的决定。[②] 尽管这还算不上社会主义意义上的土地政策，但在很大程度上满足了农民对于土地的渴望。然而，农民的土地问题并没有因为心理的满足而得到解决，战时共产主义政策中余粮收集制的过度实施还加重了这一问题，换言之，农民获得了土地却没有获得土地上所生产出来的农业产品。这大大消解了农民耕耘土地的积极性，以致种地面积减少、农业产出下降，最终致使整个社会主义建设都陷入了困境。之后，列宁主张以新经济政策中的粮食税代替战时共产主义政策中的余粮收集制，使农民在很大程度上获得了对农产品的分配权，

---

① 《列宁选集》第 4 卷，人民出版社 2012 年版，第 458 页。

② 《列宁选集》第 3 卷，人民出版社 2012 年版，第 348—349 页。

从而使社会主义建设走出了困境。由此可见，“土地可以安慰和满足农民”更准确的说法在于“通过耕耘土地而获得农业产品可以安慰和满足农民”。因此，真正可以安慰和满足农民的，并不是对土地的占有权，而是对土地的使用权以及对自己所使用土地的农业产出的分配权。这也是为何中国农村土地改革能够大获成功的关键所在。

（二）农民有自己独特的利益需要

列宁后期在农民问题上经历的挫折表明，仅仅“重农”是远远不够的，农民问题的解决还需要“知农”。唯有在“重农”的基础上，做到“知农”，才能更好地“事农”。列宁对农民的认知在1921年前后发生过重大转变，主要体现在农民构成与农民需求两大方面。从构成来说，土地革命缩小了富农和贫农之间的巨大差距，使中农成为农民人口的大多数。因此，列宁在俄共（布）第八次代表大会《关于农村工作的报告》（1919年3月）中指出，“应当把整个中农问题提到日程上来”[①]。从而，对中农的态度与政策由“中立”变成了“满足”。从需求来说，工农“两个阶级的利益是各不相同的，小农需要的东西同工人需要的不一样”，与此同时，“纸上的东西是满足不了各个阶级的，只有用物质的东西才能使它们满足”。[②] 因此，列宁在俄共（布）第十次代表大会《关于以实物税代替余粮收集制的报告》（1921年3月）中指出，“小农只要还是小农，他们就必须有同他们的经济基础即个体小经济相适应的刺激、动力和动因”[③]，“整个问题在于使农民有一种经济上的刺激和动因”[④]。也就是说，要根据农民的经济基础和心理需求来调整农民政策，在顺应其特殊利益需要的基础之上，促进农业生产的恢复和发展。

（三）消除城乡对立是根本任务之一

从理论上来说，列宁是了解城乡对立的严重后果以及解决城乡对

---

① 《列宁选集》第3卷，人民出版社2012年版，第776页。
② 《列宁选集》第4卷，人民出版社2012年版，第445—448页。
③ 《列宁选集》第4卷，人民出版社2012年版，第449页。
④ 《列宁选集》第4卷，人民出版社2012年版，第458页。

立问题对于共产主义建设的重要意义的。如其在《俄共（布）纲领草案》（1919 年 2 月）关于土地问题的条文中所指："城乡对立是农村经济和文化落后的最深刻的原因之一"，因此，消灭城乡对立是"共产主义建设的根本任务之一"。[①] 但从实践中来看，列宁一开始并没有消除城乡对立，甚至加重了这种对立。1921 年春，苏俄的工农生产双重衰落、工农产品交换失衡、工农阶级公开对抗，城乡关系呈现出分离、对立甚至抗争的态势。城乡关系的恶化及其所导致的严重后果，迫使列宁不得不重新思考和调整城乡关系。他看到了城乡关系在整个革命中的决定性作用和城乡关系恶化背后的经济根源，提出以新经济政策为核心的融合城乡发展的一系列思想和措施。列宁指出，"新经济政策的全部意义就在于而且仅仅在于：找到了我们花很大力量所建立的新经济同农民经济的结合"[②]，而与农民经济结合则是全部政策的基础。也就是说，列宁将重塑"城乡经济关系"视为重塑城乡关系的基础。为此，列宁重新看待工农生产的作用，尽全力增加产品数量，为城乡融合奠定了物质基础；重新考虑工农交换的原则，多手段促进资源流转，为城乡融合开辟了互动渠道；重新摆设工农关系的位置，全方位巩固阶级联盟，为城乡融合积累了社会资本。从而在较短的时间内将城乡关系拉回了正常的轨道，也为后人慎重对待城乡关系留下了宝贵的经验。

第三节　关于文化建设的重要命题

"所有革命都具有决定性的文化纬度。"[③] 列宁后期经历了两次工作重心的转移，前一次是由政治建设转向经济建设，后一次是由经济建设转向文化建设。这种转移本身体现了一种重要的政治哲学思维方

① 《列宁选集》第 3 卷，人民出版社 2012 年版，第 751 页。

② 《列宁选集》第 4 卷，人民出版社 2012 年版，第 661 页。

③ ［英］安德鲁·海伍德：《政治学核心概念》，吴勇译，天津人民出版社 2008 年版，第 227 页。

式，即“要抓住整条链子就必须抓住主要环节”。那么，文化建设的主要环节又是什么呢？在列宁看来，是人，说白了就是如何对待资本主义旧人又如何塑造社会主义新人的问题。

一　要抓住整条链子就必须抓住主要环节

列宁在俄共（布）第十一次代表大会《俄共（布）中央委员会政治报告》（1922 年 3 月）中指出：“政治事态总是非常错综复杂的。它好比一条链子。你要抓住整条链子，就必须抓住主要环节。不能你想抓哪个环节就挑哪个环节。”① 可以说，这既是列宁政治哲学辩证法的理论总结，又是列宁后期政治实践经验的真实写照。

（一）在特定时机找出链条上的主要环节

列宁后期虽然多次强调要抓住“主要环节”，但这些“主要环节”在不同的历史时期、不同的现实情境中具有不同的内容指向。因为“主要环节”是一个动态的历史性概念，它本身的内涵是由特定时期与现实情境中所面临的具体问题所决定的。正如列宁在俄共（布）第八次代表大会（1919 年 3 月）上所言，“在无产阶级革命的发展中，我们有时把社会生活中某个最复杂最重要的问题提到首位，有时又把另一个最复杂最重要的问题提到首位，这是十分自然的”②。如何在历史中对此进行理解呢？列宁在俄共（布）第十一次代表大会（1922 年 3 月至 4 月）上对五年社会主义建设史所作的分析能够说明这一道理。1917 年，问题在于政权初生、力量弱小，主要环节便是摆脱战争，使新生政权能够获得短暂的“喘息”时间；1919 年和 1920 年，问题在于外有协约国干涉、内有旧势力反叛，主要环节便是武装抵抗，使新生政权能够获得和平的建设环境；1921 年，问题在于战时共产主义政策弊端凸显，主要环节便是实行有秩序的退却，使社会主义建设的节奏能够适应工农群众的现实需求；1922 年，

① 《列宁选集》第 4 卷，人民出版社 2012 年版，第 692 页。

② 《列宁选集》第 3 卷，人民出版社 2012 年版，第 773 页。

问题在于社会主义建设渐次展开但举步维艰，主要环节便是挑选人才，为各项事业的启动注入核心动能。由此可见，抓住主要环节的关键在于认清所处的时机与情境，找出特定时机与现实情境中所面临的主要问题，并集中精力解决这一主要问题。因此，从某种意义上说，抓住了主要问题便是找到了主要环节，解决了主要问题便是抓住了主要环节。

（二）要抓住整条链子就要抓住主要环节

判断出主要环节之后，就要全力抓住这个主要环节，以便顺利过渡到下一个阶段。正如列宁在《苏维埃政权的当前任务》（1918 年 4 月）中所言："必须善于在每个特定时机找出链条上的特殊环节，必须全力抓住这个环节，以便抓住整个链条并切实地准备过渡到下一个环节；而在这里，在历史事变的链条里，各个环节的次序，它们的形式，它们的联接，它们之间的区别，都不像铁匠所制成的普通链条那样简单和粗陋。"[①] 善于抓住每个阶段的主要环节，正是列宁所开创的社会主义建设事业能够一步一步由理想变为现实的关键所在。这一过程的具体表现是什么呢？列宁在该文中进行过具体说明，他将社会主义事业从理论走向现实的过程分为三个阶段并指出了各自的主要环节：第一个阶段是说服俄国，其主要环节是说服大多数人民相信其纲领和策略的正确性，从而将大多数人民群众吸引到自己这边来；第二个阶段是夺回俄国，其主要任务是夺取政权和镇压剥削者的反抗，以便巩固政权和赢得和平的建设环境；第三个阶段是管理俄国，其主要任务是组织对国家进行管理。正因善于在特定时机和现实情境中抓住政治事态中的主要环节，社会主义建设才能够闯过一个又一个难关，顺利过渡到下一个阶段，由战争走向和平，由动乱走向秩序，由特殊走向正常，不断开辟出社会主义建设的新境界。

二　像爱护眼珠那样爱护专家

如何提高生产力呢？列宁认为，便捷的途径有两条：一是等待其

① 《列宁选集》第 3 卷，人民出版社 2012 年版，第 506 页。

他更加发达国家的援助；二是利用本国资本主义遗留的专家。在这两条途径中，列宁更倾向于后一种途径，但后一种途径存在一定的问题，即专家“大多数是浸透了资产阶级世界观的”①。尽管如此，列宁依然强调要像爱护眼珠那样爱护专家。

（一）专家只是披着资本主义的外壳

在资本主义社会中，大多数专家是属于资产阶级的。在列宁看来，资产阶级的极少数人之所以显得强有力，是因为他们拥有“钱袋”和“知识”，亦即资本与专业。可以说，专家是资产阶级得以强大的重要一极。正因此，十月革命胜利之后，如何对待专家成为党内一个争论不休的问题。一方面，社会主义建设迫切需要各行各业的专家；另一方面，现有的专家“大多数是浸透了资产阶级世界观的”，在心理归属上更倾向于资产阶级。那么，如何对待专家呢？列宁并不否认专家的资本主义属性，在他的语境中，“专家”也是作为“资产阶级专家”而存在的。但他认为，这是培养专家的整个社会生活环境所造成的。从本质上来说，这些专家“不是剥削者的仆役，而是有文化的工作者”②。他们在不同的社会中有着迥异的服务对象：如果处于资本主义社会之中，就会把资产阶级当作服务对象；如果处于社会主义社会之中，就会把无产阶级当作服务对象。这样一来，列宁就剥掉了专家的资本主义外壳，从而为启用和改造这些专家扫清了意识形态障碍。

（二）专家是应当得到珍视的一笔财富

列宁认为，不但不能疏离、排斥专家，相反需要珍视、爱护专家。因为专家所掌握的科学技术知识和能力对于建成社会主义具有非常重要的作用，“没有各种学术、技术和实际工作领域的专家的指导，向社会主义过渡是不可能的”③。与此同时，专家是提高劳动生产率的领头羊，高于资本主义的劳动生产率是广大群众接受共产主义的重

---

① 《列宁选集》第 3 卷，人民出版社 2012 年版，第 767 页。
② 《列宁选集》第 3 卷，人民出版社 2012 年版，第 768 页。
③ 《列宁选集》第 3 卷，人民出版社 2012 年版，第 482 页。

要依据，也就是说，专家在使群众接受共产主义方面也发挥着不可取代的作用。正因此，列宁强调，“应该珍视每一个专家，把他们看做技术和文化的唯一财富，没有这份财富，什么共产主义也不可能实现”①。在《关于工会在新经济政策条件下的作用和任务的纲领草案》（1921 年 12 月至 1922 年 1 月）中，列宁还强调：“我们一切领导机关，无论是共产党、苏维埃政权还是工会，如果不能做到像爱护眼珠那样爱护一切勤恳工作、精通和热爱本行业务的专家（尽管他们在思想上同共产主义完全格格不入），那么社会主义建设事业就不可能取得任何重大的成就。”② 总而言之，对社会主义建设而言，专家是一笔宝贵的财富，因此，要像保护眼睛一样保护专家。

（三）要让专家从生产发展中得到好处

资本主义社会培养出来的专家自然是倾向资产阶级的，列宁强调，“必须把工作人员从资产阶级手里夺过来，必须吸收所有这些专家参加工作”③。如何去争取这些专家呢？列宁清楚地认识到，用棍棒进行强迫的办法是行不通的。那怎么办呢？列宁在俄共（布）第八次代表大会《关于党纲的报告》（1919 年 3 月）中，提出了一种软硬兼施、全面兼顾的方法，核心在于使专家从生产发展中得到好处。具体而言：在政治上，胁迫吓唬他们，使他们不伸手去拿反革命的宣言、不积极去参加反革命的活动，从而与资产阶级隔断政治联系；在经济上，“应当使他们有比资本主义制度下更好的工作条件”，“尽可能地使他们有较好的生活条件”。④ 其中，很重要的一点就是提高专家工资待遇、付给专家高额报酬。列宁强调，“为了向他们请教，多给一点不仅值得，而且是应当的，从理论上看也是必要的”⑤。在精神上，“必须用同志合作的气氛、工人政治委员和共产党支部来包围

① 《列宁选集》第 4 卷，人民出版社 2012 年版，第 107 页。
② 《列宁选集》第 4 卷，人民出版社 2012 年版，第 628 页。
③ 《列宁选集》第 3 卷，人民出版社 2012 年版，第 766 页。
④ 《列宁选集》第 3 卷，人民出版社 2012 年版，第 767—768 页。
⑤ 《列宁选集》第 3 卷，人民出版社 2012 年版，第 768 页。

他们，使他们无法挣脱”，同时，让他们看到无产阶级领导层对群众文化的重视与普及、无产阶级及其事业对群众的号召力和吸引力，从而“在精神上完全折服”。① 这样一来，原属于资产阶级的专家就能够自然而然地被吸收到无产阶级的机构中，成为其中的一部分。可见，列宁对待专家的方式重在激励、感化与吸引，而非压制、暴力与胁迫。

三　改造小农需要花几代人的时间

列宁在俄共（布）第十次代表大会《关于以实物税代替余粮收集制的报告》（1921 年 3 月）中提出：“改造小农，改造他们的整个心理和习惯，这件事需要花几代人的时间。”② “改造小农需要花几代人的时间”这一命题，往小了说，是如何对农民进行社会主义改造的问题；往大了说，是如何塑造社会主义新人的问题。一代人有一代人成长的环境及其由环境所塑造的心理与能力，一代人有一代人肩负的使命及其由使命所决定的任务与担当。与其说改造小农需要花几代人的时间，不如说建设社会主义需要花若干代人的时间。

（一）农民不是社会主义者

为何提出农民的改造问题呢？因为在列宁看来，占俄国大多数的“农民不是社会主义者”。那农民是什么样子的？又具有何种特点呢？列宁在《无产阶级革命和叛徒考茨基》（1918 年 10 月至 11 月）中，用闭塞、无知、愚昧、胆怯、分散来形容被剥削的劳动农民。此外，列宁还用“因循守旧”“贫困”“迷信”等字眼形容过农民。这样的农民对无产阶级及其社会主义事业的态度是怎样的呢？总的来说，动摇不定、犹豫不决、反复无常。具体而言，他们通常处在无产阶级和资产阶级之间，“时而倒向这一边、时而倒向那一边”③。农民自身所具有的特点以及他们对待无产阶级和社会主义事业的态度，会产生怎

---

① 《列宁选集》第 3 卷，人民出版社 2012 年版，第 767 页。
② 《列宁选集》第 4 卷，人民出版社 2012 年版，第 447 页。
③ 《列宁选集》第 3 卷，人民出版社 2012 年版，第 705 页。

样的影响呢？列宁认为，这阻碍了劳动生产率的提高，阻碍了“劳动群众参加管理”的进度，阻碍了向社会主义的过渡。正是由于农民不是社会主义者，其原有的心理和行为阻碍了社会主义建设。因此，需要对农民进行社会主义改造。又因为农民占人口的大多数，因此，农民社会主义改造的成功在很大程度上意味着社会主义新人塑造的成功。因此，塑造社会主义新人的工作又要始于并着重于农民的社会主义改造。

（二）习惯的势力最可怕

为何改造小农需要花几代人的时间呢？在列宁看来，千百万人的习惯是千百年来熏染的结果，是永远不能一下子打破的，改变这种千百年熏染而成的习惯，将“是一个长期艰巨的斗争过程”①。从这个意义上来说，“千百万人的习惯势力是最可怕的势力”②。这种习惯势力不仅表现在农民的心理状态和生活习惯上，而且表现在农业的经济基础和经济根系上。因此列宁强调，“想在三年内可以把小农业的经济基础和经济根系改造过来，那他当然是一个幻想家”③。这道出了社会转轨的艰难：革命可以剥夺生产资料，但生产资料易剥夺，心理状态和生活习惯却难改；革命可以建立新的经济制度，但经济制度易建，经济基础和经济根系却难改。正因此，列宁并不把全部希望都寄托在革命之上，他清楚“革命不可能立刻在一生困于饥饿贫穷而不得不在棍棒下工作的千百万人身上培养出这些品质”④，即独立创造新生活的品质。因此，在社会主义革命成功之后，还要用几代人的时间去对农民进行社会主义改造。如其所言，“新的社会阶级，而且是以前一直受压迫、被贫困和愚昧无知压得喘不过气来的阶级，要适应新的地位，认清环境，搞好自己的工作，选拔出自己的组织家，这不是

① 《列宁选集》第3卷，人民出版社2012年版，第823页。
② 《列宁选集》第4卷，人民出版社2012年版，第154页。
③ 《列宁选集》第4卷，人民出版社2012年版，第447页。
④ 《列宁选集》第3卷，人民出版社2012年版，第378页。

几个星期的事情，而是长年累月的事情”①。

（三）根本在于思想改造

如何对小农进行改造呢？总的来说，列宁强调，改造思想、改造生活、改造能力。其中，最为根本的在于思想改造。如何进行思想改造呢？一靠思想影响，二靠实践说服。在列宁看来，“共产主义是不能用暴力来灌输的”②，因此，要用思想影响的方法而不是武力镇压的办法。如何进行思想影响呢？列宁尤为重视思想政治教育工作。对此，列宁强调学校和政治教育委员会的作用。就学校而言，列宁在《俄共（布）纲领草案》（1919 年 2 月）中强调：“学校不仅应当传播一般共产主义原则，而且应当对劳动群众中的半无产者和非无产者阶层传播无产阶级在思想、组织、教育等方面的影响，以培养能够最终实现共产主义的一代人。”③ 就政治教育委员会而言，列宁在《新经济政策和政治教育委员会的任务》（1921 年 10 月）中强调：“在任何一次深刻的政治变革以后，人民需要用很长时间来消化这种变革”④，政治教育委员会的任务就是帮助人民群众消化这种政治变革，使人民群众理解它而使之不致仅仅是一纸宣言。另外，列宁还指出，文盲是处在政治之外的，因此，政治教育委员会的另一任务便是提高劳动群众的文化水平。除了思想影响之外，列宁还主张“通过实践说服农民”。在他看来，“要想用某种快速的办法，下个命令从外面、从旁边去强迫它改造，那是完全荒谬的”⑤，单靠忠告和书本知识也是不行的，对待小农只能用谨慎的逐步的方法进行影响，用成功的例子、用实际的好处、用切实的帮助。简言之，就是要让他们在生活中感受到苏维埃政权和社会主义建设所带来的好处。只要能够切实感受到好处，农民便会从思想到身体彻底地站到社会主义这边来。

---

① 《列宁选集》第 3 卷，人民出版社 2012 年版，第 494 页。

② 《列宁选集》第 3 卷，人民出版社 2012 年版，第 763 页。

③ 《列宁选集》第 3 卷，人民出版社 2012 年版，第 725—726 页。

④ 《列宁选集》第 4 卷，人民出版社 2012 年版，第 585 页。

⑤ 《列宁选集》第 4 卷，人民出版社 2012 年版，第 81—82 页。

第四章　列宁后期政治哲学的整体特点

第二章、第三章分别以“概念”和“命题”的形式对列宁后期政治哲学的主要内容进行了具体阐释，本章将以“特点”的形式对其主要内容进行一个整体总结。所谓“特点”，侧重于人无我有、人有我优。从这个意义上来说，列宁后期政治哲学特点鲜明、个性十足：现实性与生活性兼具、时代性与世界性并存、行动性与探索性同在、原则性与灵活性相携。正是这些主要内容及其鲜明个性标刻出了列宁后期政治哲学的理论方位，使其对后世发挥着深远影响并对当代富有现实启迪。

第一节　现实性与生活性兼具

列宁在《在莫斯科苏维埃全会上的讲话》（1922 年 11 月）中指出：“把社会主义拖进了日常生活……这就是我们当前的任务，这就是我们当今时代的任务。”[①] 在列宁看来，社会主义建设便是一个将社会主义拖进日常生活的过程。怎样才能将社会主义拖进日常生活呢？这首先要了解现实生活并从现实生活出发，要经过现实生活检验又回归现实生活本身。就此而言，列宁后期政治哲学是兼具现实性与生活性的，是一种接地气、有人气的政治哲学形态。

① 《列宁选集》第 4 卷，人民出版社 2012 年版，第 737 页。

一 现实不容许忽视

现实是一个不容许忽视的综合性整体，不管它当时处于什么样的境地和状态，都只能当作思想行动的前提依据去接受，不能沉溺于愿望、幻想而抛弃。

列宁强调，“不承认实际情况是不行的，因为它会强迫你承认它”①。一来，这种承认是不讲条件的，不管现实情况如何，都不能加以抛弃。正如列宁在俄共（布）第八次代表大会《关于党纲的报告》（1919 年 3 月）中所言：“在我们现时所处的过渡时期中，我们无法跳出这种纷繁复杂的现实。这个由各种不同部分组成的现实决不能抛弃，不管它如何不漂亮，也丝毫不能抛弃。”② 因此，制定党纲要以现实情况为基础。若想“用制定漂亮完整的党纲的办法来跳出这个可悲的现实，就等于跳到九霄云外”③，结果只会使制定出的党纲因不符合实际情况而无法发挥现实效力。二来，这种承认也是不以人的情绪和感受为转移的，即便它令人痛苦难堪，也不能加以抛弃。因此，“要有勇气正视未加掩饰的痛苦的现实”④。但正视现实并非为了体验痛苦，而是为了在痛苦中保持清醒，振奋精神、激发斗志、积聚力量、磨炼意志，最终改变这种让人痛苦的现实。

既然现实不容许忽视，那么社会主义建设就要从现实出发。如何做到这一点呢？列宁尤其重视对现实情况的了解以及重用了解现实情况的人。例如：他在共产国际第二次代表大会《民族和殖民地问题委员会的报告》（1920 年 7 月）中强调：“在帝国主义时代，对于无产阶级和共产国际来说，特别重要的是：弄清具体的经济事实；在解决一切殖民地和民族问题时，不从抽象的原理出发，而从具体的现实生

---

① 《列宁选集》第 3 卷，人民出版社 2012 年版，第 762 页。
② 《列宁选集》第 3 卷，人民出版社 2012 年版，第 757 页。
③ 《列宁选集》第 3 卷，人民出版社 2012 年版，第 755 页。
④ 《列宁选集》第 3 卷，人民出版社 2012 年版，第 470 页。

活中的各种现象出发。”① 即在了解现实的基础上从现实出发而非在不了解现实的情况下从原理出发。再如：他在俄共（布）第八次代表大会《关于农村工作的报告》（1919 年 3 月）中强调，拥有地方工作经验的人说的话“对整个党代表大会也是特别宝贵的，因为这些话不是从书本上来的，不是从法令中来的，而是从生活中来的”②。即要重视了解现实的人及其他们的意见建议。由此可见，从现实出发，重在对现实的了解、接纳与重视，这也是改变现实的前提。

二　生活会给出答案

现实不容许忽视，因此，社会主义建设要从现实出发。从现实出发以后，何为是、何为非、何为曲、何为直呢？列宁坚定地认为，对于社会主义建设的是非曲直问题，生活会给出答案。

列宁一向钟情并热爱生活。他十分喜欢德国诗人歌德的一句诗：“我的朋友，理论是灰色的，而生活之树是长青的”，并在社会主义革命与建设时期的多种场合的各种讲话中加以引用。例如：社会主义革命时期的《俄国社会民主工党中央委员会在布鲁塞尔会议上的报告》（1914 年 6 月）、《论策略书》（1917 年 4 月），社会主义建设时期的《怎样组织竞赛？》（1917 年 12 月），等等。列宁用“灰色”形容理论，用“长青”形容生活，并不是要贬低理论的功用，而是在强调生活的重要，强调“不应当抱住昨天的理论不放”③ 而应当腾出手来拥抱当下的生活。正因此，列宁将社会主义分为两半，一半是政治条件，一半是社会经济条件，而社会经济条件是与劳动群众的生活息息相关并由劳动群众的生活所表征的。可以说，建设社会主义便是在重建一种新的生活样态，以便“使所有劳动者过最美好的、最幸福的生活”④。也因此，列宁常常将所从事的社会主义建设事业简称为

① 《列宁选集》第 4 卷，人民出版社 2012 年版，第 275 页。
② 《列宁选集》第 3 卷，人民出版社 2012 年版，第 782 页。
③ 《列宁选集》第 3 卷，人民出版社 2012 年版，第 26 页。
④ 《列宁选集》第 3 卷，人民出版社 2012 年版，第 546 页。

建设“新生活”，认为“社会主义运动正在创造人类社会生活新的更高级的形式”①。

在列宁看来，“实际生活是最好的教师，它会指明谁是正确的”②。因此，在探索社会主义建设过程中，一方面，要格外注意来自生活并经过生活检验的方式方法。正如他在《伟大的创举》（1919年6月）中所指出的那样：“少唱些政治高调，多注意些极平凡的但是生动的、来自生活并经过生活检验的共产主义建设方面的事情”③，因为生活本身会从各种各样的新生事物中挑选出“最富有生命力的幼芽”④。另一方面，要格外注意劳动群众的生活需要并提高他们的生活水平。对于1921年春天发生的政治动荡，列宁在《论粮食税》（1921年4月）中分析道：“农民的生活状况更是达到了极严重的地步，结果就引起了政治上的动摇，而这种动摇一般说来是小生产者的‘本性’。”⑤ 何为“小生产者的‘本性’”？简单来说，就是根据生活状况来判断一切并决定一切。因此，平息这种政治动荡的根本措施在于改善农民以及全体劳动群众的生活状况。

三　跟随实际生活前进

现实不容许忽视，生活会给出答案，因此，“应当跟随着实际生活前进”⑥。在列宁看来，实践活动要跟随实际生活前进，思想理论也要跟随实际生活前进。

“跟随着实际生活前进”是列宁在十月革命胜利之初便形成的一种认识，这种认识在后期突出表现为社会主义建设参照系的转变。一开始，列宁将纯而又纯的共产主义当作参照系，追求“共产主义纯粹性”，试图将现实生活拉向革命理想；经历直接过渡的挫折之后，列

---

① 《列宁全集》第26卷，人民出版社2017年版，第43页。
② 《列宁选集》第3卷，人民出版社2012年版，第351页。
③ 《列宁选集》第4卷，人民出版社2012年版，第9页。
④ 《列宁选集》第4卷，人民出版社2012年版，第15页。
⑤ 《列宁选集》第4卷，人民出版社2012年版，第517页。
⑥ 《列宁选集》第3卷，人民出版社2012年版，第351页。

宁便将现实生活作为参照系，主张在现有基础上向前迈进，让革命理想逐渐照亮现实生活。简言之，他不再去衡量与理想之间还有多大的差距，而是去衡量比过去有了多大的进步。“国家资本主义”便是其中的一例。虽然“国家资本主义”远远比不上社会主义与共产主义，但它相对于苏俄原有的经济形式，却是一个大大的进步。“新经济政策”亦是如此。“新经济政策”虽然算不上社会主义、共产主义意义上的经济政策，但它相对于苏俄原有的经济政策，也是一个巨大的进步。

除此之外，列宁还强调在实践活动（尤其是生产活动）、思想理论（尤其是宣传鼓动）方面跟随实际生活前进。从生产活动方面来讲，列宁强调，要少谈些“劳动民主”“自由、平等、博爱”“民权制度”等空话、漂亮话，要“多做些平凡的、日常的工作，多关心每普特粮食和每普特煤”。[①] 日常生活是属于劳动群众并由劳动群众创造的，因此，在主动关心帮助劳动群众改善日常生活的同时，也要让劳动群众“享有发挥创造精神的充分自由”，让劳动群众自己来安排自己的生活。[②] 就宣传鼓动方面来讲，列宁强调，要少谈些政治，“多深入生活”，“多谈些经济”。[③] 因为，只有多注意劳动群众在日常生活中创造出的新事物以及如何创造新事物，并加以宣传推广使之成为榜样力量，才能改变广大劳动群众对于社会主义的感性认识和情感认同，进而促进他们对社会主义事业的理性理解、悦心接纳和积极参与。同时，唯有让社会主义融入日常生活并成为群众习惯，才能算作已经达到的成就。

第二节　时代性与世界性并存

列宁后期注重在时代视野下考虑各种问题，这种时代视野既放眼

① 《列宁选集》第 4 卷，人民出版社 2012 年版，第 17—18 页。
② 《列宁选集》第 3 卷，人民出版社 2012 年版，第 351—352 页。
③ 《列宁选集》第 3 卷，人民出版社 2012 年版，第 571—573 页。

世界又着眼俄国，既能在世界范围内考察俄国所处的历史时代又能在俄国基础上分析世界所处的历史时代。可以说，在列宁后期政治哲学中，小时代与大时代是紧密融合的，俄国的与世界的是紧密联系的，由此呈现出时代性与世界性并存的局面。列宁也正是在历史中纵向对比，在世界中横向分析，在纵横交错中真正理解自己所从事的事业的：它的位置、它的难处、它的优势、它的前景乃至它的一切。

一　大时代与小时代并肩存在

从共时性角度而言，列宁最难能可贵之处在于，能够将不同地域所处的时代区分错落开来。他并没有将“大”与“小”作为形容时代的专有名词，在此，笔者为了便于区分和理解，用“小”来形容俄国自身所处的时代，用“大”来形容更大范围的时代。这个“大”，有时指欧洲，有时指亚洲，有时指世界，有时包括俄国，有时又不包括俄国。总之，是俄国以外、大至世界的一个可以滚动的范围。在列宁看来，时代不仅存在大小之分，而且大时代与小时代是并肩而存的。

十月革命前后，列宁曾对时代作过一个总体判断，那就是“纯粹帝国主义的资本主义时代”已经到达，“无产阶级社会主义革命的时代”已经开始。这种总体判断是集大时代与小时代于一体的。就大时代而言，列宁认为，世界资本主义已经发展到了帝国主义阶段。帝国主义，或者叫金融资本时代，是高度发达的资本主义经济。此时，垄断资本主义代替了自由竞争，国家与国家之间呈现出惊人的贫富差距，资产阶级与无产阶级之间产生了激烈的矛盾冲突。就小时代而言，列宁认为，俄国整体处于无产阶级社会主义革命时代。早在《论欧洲联邦口号》（1915 年 8 月）中，列宁就强调，“不能把社会主义革命看做是一次行动，而要把它看做是一个充满剧烈的政治和经济动荡、最尖锐的阶级斗争、国内战争、革命和反革命的时代”①。也就

① 《列宁选集》第 2 卷，人民出版社 2012 年版，第 551—552 页。

是说，社会主义革命不仅包括政治革命，它是包括政治革命、经济革命、国内战争、镇压反革命等各个阶段的一个时代。因此，十月革命的胜利只是开启了社会主义革命时代的无产阶级专政阶段。“无产阶级专政”只是这个时代的政治表现，它在经济社会方面具体表现为从资本主义向社会主义的过渡。大时代与小时代之间是什么关系呢？在列宁看来，是小时代在引领大时代走向更美好的共产主义时代。

列宁对大小时代进行区分的意义，不仅在于能够准确指出各自的具体内容，更在于他有意识地将不同区域所处时代区别错置开来。虽然各个国家、各个地区同处一个世界、一个历史，但大家所处的时代各不相同。有些国家和地区迈进先进时代，有些国家和地区处于落后时代，有些国家和地区在独辟蹊径、创造一个新的时代。在这样一个大小时代并存的世界里，既要将小时代与大时代分别开来，认清自己所处的位置，又不能过分孤立，而要融入并引领整个大的时代。这恐怕是大小时代划分的真正意义所在。

二　新时代与旧时代继往开来

对列宁而言，过去的时代是历史的产物，对当下而言是一种客观存在，因此，需要当作行动前提去认识、去继承、去顺应，但是，当下的时代是可以左右的，未来的时代亦是可以开创的。

十月革命之前，或者说，在没有条件创造新时代的情况下，列宁更强调顺应旧时代。在《论民族自决权》（1914 年 2 月至 5 月）中，列宁指出：“在分析任何一个社会问题时，马克思主义理论的绝对要求，就是要把问题提到一定的历史范围之内；此外，如果谈到某一国家，那就要估计到在同一历史时代这个国家不同于其他各国的具体特点。”① 也就是说，当下所处的小时代和大时代，是认识国家特点、分析社会问题、制定策略措施的总体依据。紧接着，列宁根据当时所处的时代，分析了俄国民族问题所具有的具体的历史特点，得出了在

① 《列宁选集》第 2 卷，人民出版社 2012 年版，第 375 页。

当时时代承认民族自决权具有特别迫切意义的结论。在分析时代的基础上，得出了顺应时代的结论。这只是列宁在没有条件创造新时代的情况下，通过分析时代而顺应时代的其中一例。事实上，基本代表了他在十月革命之前对于时代问题的总体态度。也正是因为列宁准确地把握了时代、顺应了时代，才有可能成功地开启另一个时代。

十月革命之后，或者说，在拥有条件创造新时代的情况下，列宁更强调开创新时代。十月革命胜利之后，列宁曾多次用“新时代”形容当时所处的时代。在列宁看来，“新时代”之“新”，最重要的是新在“新阶级”的统治。如其所言，十月革命开启了世界历史的新时代，“由一个新阶级实行统治的时代”①。换言之，十月革命结束了资产阶级民主议会制时代，开启了无产阶级专政的时代。列宁强调，既然迈进了新时代，就要了解新时代的特点和任务。因为“只有不可救药的书呆子，才会单靠引证马克思关于另一历史时代的某一论述，来解决当前发生的独特而复杂的问题”②。“新时代”的特点是什么？从政治上来说，无产阶级掌握政权但还不会管理国家；从经济上来说，五种经济成分并存且小资产阶级经济占优势；从文化上来说，绝大多数居民属于文盲、国家机关官僚主义作风严重。“新时代”的这些特点决定了“新时代”的任务：学习管理俄国，学会驾驭资本，进行扫盲教育，清除官僚主义，等等。总而言之，只有在完成当前时代所决定的时代任务的前提下，历史才能自动进入下一个时代。这一过程虽然不可逾越但可以人为地创造和控制。

三　时代之间没有一堵墙分开

从历时性角度而言，列宁认为，“两个时代没有被一堵墙隔开，而是由许多过渡环节联系在一起”③。列宁后期面对时代的变迁流转，提出了有关“过渡时代”的系列思想。

---

① 《列宁选集》第4卷，人民出版社2012年版，第567页。

② 《列宁选集》第1卷，人民出版社2012年版，第162页。

③ 《列宁选集》第2卷，人民出版社2012年版，第375页。

时代分界线在哪里？十月革命之前，列宁在《打着别人的旗帜》（1915 年 1 月以后）中指出，两个时代之间的“分界线也同自然界和社会中所有的分界线一样，是有条件的、可变的、相对的，而不是绝对的。我们只是大致地以那些特别突出和引人注目的历史事件作为重大的历史运动的里程碑”[①]。在此，列宁将重大历史事件作为时代之间的分界线。十月革命之后，列宁也确以十月革命为分界线，将俄国所处的时代定位为“向社会主义过渡的时代”，延展到整个世界便是人类历史上向社会主义过渡的新时代。关于此，列宁在《共产主义运动中的“左派”幼稚病》（1920 年 4 月至 5 月）中，有过较为精准和概括的描述，即“俄国（推翻资产阶级后的第三年）还刚处在从资本主义向社会主义即向共产主义低级阶段过渡的最初阶段”[②]。短短一句话，信息量很大。这首先涉及列宁对共产主义两个阶段的划分。他在《国家与革命》（1917 年 8 月至 9 月）中将共产主义划分为两个阶段：低级阶段和高级阶段。低级阶段也叫第一阶段，通常称为社会主义，是指“刚刚从资本主义脱胎出来的在各方面还带着旧社会痕迹的共产主义社会”[③]。在列宁看来，俄国所处的正是向社会主义过渡的最初阶段。

时代之间虽有分界线，但这种分界线并不像一堵墙，能够将两个时代截然分开。事实上，两个时代之间是由诸多过渡环节相联系的。在列宁看来，时代之间之所以需要过渡环节，很重要的一个原因在于旧时代的经济基础和文化基础。依照两个半社会主义理论，十月革命之后的俄国已经具备向社会主义过渡的政治条件，但还不具备向社会主义过渡的经济社会条件。因此，需要在旧时代遗留的经济社会条件与新时代需要的经济社会条件之间搭建“中间环节”、寻找“过渡手段”。列宁后期提出了一系列诸如“国家资本主义”“新经济政策”“文化革命”“国家机关改革”等政策主张，主要目的便是为旧时代

① 《列宁专题文集·论资本主义》，人民出版社 2009 年版，第 92 页。
② 《列宁选集》第 4 卷，人民出版社 2012 年版，第 154 页。
③ 《列宁选集》第 3 卷，人民出版社 2012 年版，第 194 页。

的俄国创造向社会主义过渡的经济社会条件，为旧俄国搭起向社会主义过渡的桥梁。

第三节 行动性与探索性同在

革命容易建设难，难就难在社会主义是“历史上没有见过、书本上也读不到的新事业”，难就难在无产阶级及其政党是第一次走上执政舞台的中央、挥起管理国家的大旗。在一片空白之上，最重要的就是行动起来，去尝试、去探寻、去摸索。从这个意义上来说，列宁后期政治哲学具有行动性与探索性。既然是初试，就难免犯错误；既然是探路，就难免有进退。生命后期的列宁正是在错误中学会进退之道的。

一 一切都在于实践

在列宁那里，“实践比任何理论都重要百倍”①，“实践可以‘妨碍’理论；相反，理论却不能‘妨碍’实践”②。当两者不可兼得时，他宁肯抛弃前者而选择后者。进入社会主义建设时期以后，更是如此。他多次提到“开口为银，闭口为金”。“闭口为金”，有别于“沉默是金”，因为这种闭口是与行动同步的。

十月革命胜利之后，列宁在为《国家与革命》（1917 年 8 月至 9 月）写第一版跋（1917 年 11 月）时指出，“做出‘革命的经验’是会比论述‘革命的经验’更愉快、更有益的”③。沉浸在革命胜利喜悦之中的列宁说出这样的话，表达的就不仅仅是一种想象中的快乐，而是一种从现实而来的真切感受。次月，他在《怎样组织竞赛?》（1917 年 12 月）中又强调，“现在一切都在于实践，现在已经到了这

① 《列宁选集》第 4 卷，人民出版社 2012 年版，第 378 页。

② 丁世俊：《“生活之树是长青的”——读新版〈列宁选集〉随想》，《马克思主义与现实》1996 年第 1 期。

③ 《列宁选集》第 3 卷，人民出版社 2012 年版，第 221 页。

样一个历史关头：理论在变为实践，理论由实践赋予活力，由实践来修正，由实践来检验”[①]。也就是说，在缺乏社会主义建设理论参考和实践经验的情况下，社会主义建设的一切都在于实践：社会主义建设的路径需要在实践中探索、找寻与确立，社会主义建设的理论需要在实践中进行检验、修正与补充。因为熟读马克思主义理论著作的列宁深知，无论在哪一本共产主义的著作里都不可能找到解决实际问题的现成答案，社会主义建设中所遇到的实际问题只能通过实践来解决，只能参考实践积累而来的经验。直接过渡所遭遇的挫折使列宁更加坚信了这一点，正如他在俄共（布）第十次代表大会《关于以实物税代替余粮收集制的报告》（1921 年 3 月）中所言，“我们以前的纲领在理论上是正确的，但是在实践上却行不通”，这时候尤其需要“把各种办法都拿来试验一下，根据实际经验加以研究”。[②] 可以说，无论是个性追求，还是生活经验，都将列宁引向了实践。

如何推进实践向前发展呢？列宁一方面强调来自广大群众和地方组织的“首创精神”和“榜样力量”，另一方面又强调来自党和国家机关的“实干精神”和“实际行动”。列宁在全俄工兵农代表苏维埃第三次代表大会《人民委员会工作报告》（1918 年 1 月）中指出，“苏维埃政权并不是什么事情都知道，并不是什么事情都能及时完成，它经常会遇到困难的任务”[③]。因此，需要最大限度地发挥工农兵群众的首创精神。为此，可以通过在广大群众和地方组织之间开展竞赛的方式，寻找建设社会主义的可行之法，寻找具有组织才能的可用之人。在竞赛过程中会涌现出“先进”和“落后”，“先进”便能成为“落后”的榜样，这样一来，便能广泛地发挥榜样力量的作用。这是广大群众和地方组织需要做的事，党和国家机关需要做些什么呢？列宁在《论统一的经济计划》（1921 年 2 月）中指出，“我们机关中特

---

① 《列宁选集》第 3 卷，人民出版社 2012 年版，第 381 页。
② 《列宁选集》第 4 卷，人民出版社 2012 年版，第 452—455 页。
③ 《列宁选集》第 3 卷，人民出版社 2012 年版，第 412—413 页。

别是上层机关中存在着毛病，即官僚主义病和知识分子病”①。这两种病症具有同一种表现，即“自负压倒了真正的实干”，也即用主观意愿代替实际工作、用行政手段处理经济问题。因此，列宁在新经济政策实施之后，三番五次地强调党和国家机关的“实干精神”和“实际工作”。例如，他在《新的时代和新形式的旧错误》（1921 年 8 月）中强调：“要善于根据时局的特点和任务进行切实的实际的工作！我们需要的不是空话，而是实干。”② 再如，他在俄共（布）第十一次代表大会《俄共（布）中央委员会政治报告》（1922 年 3 月）中强调：“对于新的异常困难的事业，应当善于三番五次地从头做起，开始了，碰壁了，从头再来——哪怕反复重做十次，但一定要达到我们的目的，不要摆架子，不要狂妄自大。”③ 在列宁看来，唯有上下联动、共同发力，才能真正将社会主义建设理论与实践不断地向前推进。

二　实践中难免出错

既然属于全新尝试，既然没有范例可循，那么，在行动与探索的过程中，就难免会出现错误与失败。如何对待错误与失败呢？列宁在《共产主义运动中的“左派”幼稚病》（1920 年 4 月至 5 月）中，有过一段十分精彩且相对完整的表述，即“一个政党对自己的错误所抱的态度，是衡量这个党是否郑重，是否真正履行它对本阶级和劳动群众所负义务的一个最重要最可靠的尺度。公开承认错误，揭露犯错误的原因，分析产生错误的环境，仔细讨论改正错误的方法——这才是一个郑重的党的标志，这才是党履行自己的义务，这才是教育和训练阶级，进而又教育和训练群众”④。也就是说，在出现错误的时候，一个郑重的党首先会公开承认自己的错误，而不是讳疾忌医，回避和

① 《列宁选集》第 4 卷，人民出版社 2012 年版，第 438 页。

② 《列宁选集》第 4 卷，人民出版社 2012 年版，第 558 页。

③ 《列宁选集》第 4 卷，人民出版社 2012 年版，第 668 页。

④ 《列宁专题文集·论无产阶级政党》，人民出版社 2009 年版，第 352 页。

掩盖错误。在承认错误的基础上，重要的是通过分析错误产生的环境、揭露错误产生的原因，以便制定改正错误的方法。简言之，先承认、后分析、再改正，做到从错误中学习。

列宁对待弱点、失败的态度、方法与对待错误的态度、方法是一致的。例如，他在为共产国际第二次代表大会准备的文件《关于共产国际第二次代表大会的基本任务的提纲》（1920 年 7 月）中提出："共产党人的责任不是隐讳自己运动中的弱点，而是公开地批评这些弱点，以便迅速而彻底地克服它们。"[①] 再如，他在《在莫斯科省第七次党代表会议上关于新经济政策的报告》（1921 年 10 月）中指出："失败并不危险，危险的是不敢承认失败，不敢从失败中得出应有的结论"，"无论过去和将来，我们的力量都在于，我们对最惨重的失败也能给予十分冷静的估计，从失败的经历中学习应该怎样改进我们的活动方式"。[②] 总而言之，在列宁看来，一个从事全新事业的政党，存在弱点、出现错误、遇到失败都是在所难免的。对于弱点、错误和失败，实际生活会纠正它们，政党自身也会纠正它们。只要不粉饰这些弱点、错误和失败，而是大胆公开地承认它们，三番五次地去纠正它们，就一定能够一步一步地克服它们，并在克服它们的过程中使自己受益、使社会主义事业受益。

三　进不了就退回来

既然是在探索一条新路，就难免有走错方向或走得太急的时候。这时候，需要懂得进与退的学问。在列宁看来，进时，重在群情、贵在团结；退时，重在心态、贵在秩序；进退之间的智慧在于先退后进、以退为进。

十月革命之前，列宁在《致亚·亚·波格丹诺夫和谢·伊·古谢夫》（1905 年 2 月）中指出，"我们唯一的力量就是坦率、团结和

---

① 《列宁选集》第 4 卷，人民出版社 2012 年版，第 235 页。

② 《列宁选集》第 4 卷，人民出版社 2012 年版，第 602—603 页。

进攻的魄力"[①]。十月革命之后，向共产主义"直接过渡"的失败让列宁认识到，布尔什维克在这条道路上走得太急、走得太快了，以致将广大劳动群众远远地甩在了身后，以致失去了他们宝贵的信任和支持。因此，这个时候，不仅要有"进攻的魄力"，还要有后退的勇气，即退回到广大劳动群众能够接受和跟上的地方。从政策方面来看，就是从"战时共产主义政策"退回到"新经济政策"。退是没有选择的必然，但需要克服很多困难。例如，如何确定退却的限度、如何保证退却的秩序、如何解释退却的原因等。对此，列宁深知其难，他在俄共（布）第十一次代表大会《俄共（布）中央委员会政治报告》（1922 年 3 月）中指出："退却是一件难事，尤其是对于已经习惯于进攻的革命家，尤其是在他们几年来习惯于进攻并取得巨大成就的时候，尤其是在他们周围的各国革命家一心向往发起进攻的时候，那就更难了。"[②] 可是，即便再难，也要退回去，退到广大劳动群众尤其是农民群众身边去，否则，社会主义事业将遭到毁灭性的打击。但是，列宁也强调，在退却过程中，不能"丧失主要的和基本的东西"[③]。例如，共产主义理想、苏维埃政权、无产阶级专政等。这是退却的限度。在"退却时最危险的就是惊慌失措"[④]，为此，需要充分解释退却的原因。正如列宁 1922 年 11 月在莫斯科苏维埃全会上所讲的那样：新经济政策"之所以叫新经济政策，是因为它在向后转。我们现在退却，好像是在向后退，但是我们这样做是为了先后退几步，然后再起跑，更有力地向前跳"[⑤]。也就是说，退回去只是表面现象，其实质和目的在于储蓄力量，以便带领人民群众更好地前进。

---

① 《列宁全集》第 9 卷，人民出版社 2017 年版，第 226 页。
② 《列宁选集》第 4 卷，人民出版社 2012 年版，第 672 页。
③ 《列宁选集》第 4 卷，人民出版社 2012 年版，第 673 页。
④ 《列宁选集》第 4 卷，人民出版社 2012 年版，第 673 页。
⑤ 《列宁选集》第 4 卷，人民出版社 2012 年版，第 732 页。

第四节　原则性与灵活性相携

列宁在《共产主义运动中的“左派”幼稚病》（1920年4月至5月）中强调，无产阶级政党必须善于把原则的坚定性和策略的灵活性结合起来。这不仅是列宁为无产阶级政党提出的要求，而且是他为自己提出的要求。事实上，这本是他自身经验的总结，是从骨子里透出的一种思维模式和处世方法，也是其后期政治哲学的鲜明特征。

一　原则需坚守

列宁提出，“政治与其说像算术，不如说像代数，与其说像初等数学，不如说更像高等数学”①。但不管是“算术”“代数”，还是“初等数学”“高等数学”，它们归根到底属于“数学”范畴。在列宁后期政治哲学中，“原则”如同此处的“数学”一样，是统归一切的范畴。那么，在列宁那里，什么才称得上“原则”呢？

从长远来看，社会主义和共产主义是需要坚守的根本原则。对于十月革命之后的列宁而言，无论采取什么中间途径、方法和手段，其直接目的都是实现向社会主义的过渡，其终极目的都是实现向共产主义的过渡。对此，有三例可力证。第一例是布列斯特和约。该和约貌似是完全违背无产阶级国际主义基本原则的，但处在或者接受兼并和约、或者马上进行战争的“十字路口”，唯有选择签订和约才能继续推进和巩固社会主义革命，社会主义和共产主义才有实现的基本前提。第二例是新经济政策。如列宁在《论粮食税》（1921年4月）中所言，“为了使‘我们’能顺利地完成我们直接向社会主义过渡的任务，就必须懂得，需要经过哪些中间的途径、方法、手段和辅助办法，才能使资本主义以前的各种关系过渡到社会主义”②。新经济政

---

① 《列宁选集》第4卷，人民出版社2012年版，第210页。

② 《列宁选集》第4卷，人民出版社2012年版，第509页。

策恰是通向社会主义的中间途径、方法和手段，其根本目的在于向社会主义过渡。第三例是社会主义的前提问题。1922 年至 1923 年，苏汉诺夫发表了七卷本的《革命札记》，宣扬俄国没有实现社会主义的经济前提。对此，病床之上的列宁口授了《论我国革命》（1923 年 1 月）一文，严厉地批评了苏汉诺夫的观点，指出“世界历史发展的一般规律，不仅丝毫不排斥个别发展阶段在发展的形式或顺序上表现出特殊性，反而是以此为前提的”①。也就是说，列宁虽然承认经济是实现社会主义的前提之一，但并不认为它是首要前提。在列宁看来，社会主义的实现也可以通过革命手段先行奠定政治前提，然后在政治前提的基础上准备经济前提以及文化前提。总之，对于社会主义的前提，具备一个算一个，因为具备其一便更向社会主义靠近了一步。可见，无论主张采取何种具体过渡措施，社会主义和共产主义对列宁而言，都是作为最终目标和根本原则而存在的。

从当时来看，苏维埃政权和无产阶级专政是需要坚守的基本原则。列宁多次强调，“政权问题是一切革命的根本问题”②。依此来看，政权问题也同样是社会主义革命的根本问题。尽管十月革命之后，无产阶级及其政党貌似已经解决了这一根本问题，将政权掌握在了自己手中，但是，列宁并没有因此放松对这一根本问题的重视，而是将其作为需要坚守的基本原则。他在《共产主义运动中的“左派”幼稚病》（1920 年 4 月至 5 月）中指出：“只要各个民族之间、各个国家之间的民族差别和国家差别还存在，各国共产主义工人运动国际策略的统一，就不是要求消除多样性，消灭民族差别，而是要求运用共产党人的基本原则（苏维埃政权和无产阶级专政）时，把这些原则在某些细节上正确地加以改变，使之正确地适应于民族的和民族国家的差别，针对这些差别正确地加以运用。”③ 这就明确指出了社会主义革命和建设过程中需要坚守的基本原则，即苏维埃政权和无产阶

① 《列宁选集》第 4 卷，人民出版社 2012 年版，第 776 页。
② 《列宁选集》第 3 卷，人民出版社 2012 年版，第 86 页。
③ 《列宁选集》第 4 卷，人民出版社 2012 年版，第 200 页。

级专政。尽管无产阶级专政只是与社会主义过渡阶段相匹配的一种政权形式，但考虑到当时的情况，列宁仍然将之视为需要坚守的基本原则。可以说，这两大基本原则成为列宁后期在制定和选择策略过程中的基本参考。他在衡量新经济政策时说道："新经济政策没有从根本上改变苏维埃俄国社会制度方面的任何东西，只要政权还掌握在工人手里，就不可能有任何改变，而对于苏维埃政权的巩固，看来目前已经谁也不会怀疑了。"① 他在考虑合作化问题时指出："在我国，既然国家政权操在工人阶级手中，既然全部生产资料又属于这个国家政权，我们要解决的任务的确就只剩下实现居民合作化了。"② 可见，在社会主义入口处，列宁是将苏维埃政权和无产阶级专政作为社会主义建设基本原则的。

二　策略要灵活

就"政治与其说像算术，不如说像代数，与其说像初等数学，不如说更像高等数学"这句话的本身含义而言，列宁意在强调制定策略时要注意并适应形式的新变化以及旧形式所注入的新内容。简言之，就是策略要具有灵活性。这种灵活性的哲学基础在于辩证法，现实基础在于事实变化。

就哲学基础而言，列宁认为，"革命辩证法"是马克思主义中具有决定意义的东西，"对具体情况作具体分析"是马克思主义的精髓、活的灵魂。如其在《论我国革命》（1923 年 1 月）中所言，"马克思主义中有决定意义的东西，即马克思主义的革命辩证法"③。在此，列宁意在强调革命时刻要有极大的灵活性。"革命辩证法"在列宁思想层面的一大表现就是，他能够注意到马克思、恩格斯等马克思主义先贤思想所产生的时代背景和具体情形，而不是拘泥于他们的思想本身，将之奉为圭臬，生搬硬套。因此，他能够在立足

① 《列宁全集》第 43 卷，人民出版社 2017 年版，第 294 页。
② 《列宁选集》第 4 卷，人民出版社 2012 年版，第 767 页。
③ 《列宁选集》第 4 卷，人民出版社 2012 年版，第 775 页。

马克思主义基本理论的基础上做到具体情况具体分析。也因此，他强调其他民族、国家在效仿苏俄的时候也要做到具体情况具体分析。如其在《致阿塞拜疆、格鲁吉亚等共和国的共产党员同志们》（1921 年 4 月）中所言，“不要照搬我们的策略，而要独立地仔细考虑我们的策略为什么具有那些特点以及它的条件和结果，不要在你们那里照抄 1917—1921 年的经验，而要运用它的精神实质和教训”①。可见，在列宁那里，马克思主义的辩证法构成了策略灵活性的哲学基础。

就现实基础而言，列宁认为，事实是制定策略的依据，事实是不断变化的，因此，策略也要随之不断调整。十月革命之前，列宁就在《致伊·费·阿尔曼德》（1916 年 12 月）中提出，“马克思主义的政策是以现实的东西而不是以可能的东西为依据。一种现象转化为另一种现象是可能的，所以我们的策略不是一成不变的”②，以此来强调重视现实的重要性，以及根据事实变化进行策略调整的重要性。十月革命之后，列宁又在《十月革命四周年》（1921 年 10 月）中指出，尽管在巨大的困难面前，“硬碰”与“强攻”是一种有效解决方式，但是也必须学会另一种艺术，即“灵活机动，善于根据客观条件的变化而迅速急剧地改变自己的策略，如果原先的道路在当前这个时期证明不合适，走不通，就选择另一条道路来达到我们的目的”③。同样也是在强调要根据事实变化及时地进行策略的调整。由此可见，对列宁而言，现实存在的客观事实是制定策略的依据，客观事实的变化又构成了调整策略的依据。总之，策略灵活性的现实基础就在于现实是客观存在并不断变化的。

三　适宜即最好

原则需坚守，策略要灵活。那么，两者之间的限度在哪里？列宁

① 《列宁选集》第 4 卷，人民出版社 2012 年版，第 487 页。

② 《列宁专题文集·论马克思主义》，人民出版社 2009 年版，第 301 页。

③ 《列宁选集》第 4 卷，人民出版社 2012 年版，第 569 页。

曾用“适宜”一词来形容两者之间的限度。从本心和愿望来说，列宁是追求“最好”的，但是，加入现实因素之后，列宁发现，最好的选择就是根据现实退而求其次，达到“适宜”的程度。简言之，“适宜”的就是“最好”的。

在原则和灵活之间寻找“适宜”限度的观点直接来自列宁对“国家资本主义”的分析上。列宁反对将“资本主义”与“社会主义”抽象对立起来，认为这是不了解俄国具体现实尤其是经济状况的表现。他认为，应当从俄国具体现实尤其是经济状况出发，选择合适的经济发展形式，也就是“国家资本主义”的经济发展形式。列宁承认，从原则上来说，“社会主义”与“国家资本主义”是不兼容的，但在“社会主义”尚无法一下子实现的情况下，将“国家资本主义”作为一个中转站是必要的，也是行得通的。毕竟，国家政权掌握在工人阶级及其政党手中；毕竟，国家资本主义“在经济上大大高于”俄国当时的经济。由此，列宁得出结论说，“国家资本主义虽然不是一种社会主义形式，但对我们和俄国来说，却是一种比现有形式更为适宜的形式”①。在此，列宁在原则和灵活之间找到了一个合适的限度，即“适宜”。

在原则和灵活之间寻找“适宜”限度的观点也几乎主导了列宁后期，尤其是晚年的所有选择。例如，在四面受敌、政权危急情境下，列宁主张采取战时共产主义政策渡过难关。又如，在无法立刻恢复社会主义国营大工业的情况下，列宁主张在一定程度上帮助恢复小工业，通过小工业的恢复来奠定大工业恢复的基础。再如，在不能阻止资本主义发展的情况下，列宁主张将资本主义的发展纳入国家资本主义的轨道，通过国家资本主义这一中间环节逐渐过渡到社会主义。如果说在资本主义发展问题上寻找“适宜”是一个偶然选择的话，这一选择在其他时期、其他领域、其他事件上的运用和体现，则说明了它不仅仅是一个偶然发现，而是深植于列宁内心

① 《列宁选集》第4卷，人民出版社2012年版，第718页。

的一种必然选择。对一个既胸怀理想又脚踏实地的政治领袖而言，现实世界中的“最好”并不是照着理想模子刻出来的，而是照着客观事实比出来的。总而言之，“最好”的也许不是最理想的，却是最适宜的，而一个又一个的“适宜”，终将会把“现实”推向“理想”。

第五章　列宁后期政治哲学的历史评价

摸索到“来龙”、端详了“面日”之后，在这一章，我们将追寻列宁后期政治哲学的“去脉”。总的来说，这一“去脉”可以简要分为“学脉”与“血脉”两条支脉。所谓“学脉”，主要指理论层面的传承和开新，由此可知其在政治哲学领域的理论方位；所谓“血脉”，主要指现实层面的借鉴和影响，由此可知其对世界历史进程的现实影响。值得强调的是，“学脉”与“血脉”并行不悖，放眼望去，它们交织向前、绵延至今并奔赴未来。

第一节　列宁后期政治哲学的理论方位

列宁后期政治哲学以何种姿态立足于政治哲学领域呢？对此，不妨从三个方面进行考察：产生根源、致思路向与主要内容。对这三方面的具体考察有助于了解列宁后期政治哲学在政治哲学史上的总体方位、在马克思主义政治哲学史上的具体方位以及在共产党人政治哲学史上的重要方位。为某一理论定位是件难事，尤其是对一个初出思想茅庐、涉理论未深的博士研究生，但再难，也要去尝试。因为，只有知方位才能晓价值，唯有懂方位方能定航向。

一　产生根源：所回答的正是贯穿政治哲学史的根本问题

哲学是如何产生的？柏拉图在《泰阿泰德篇》中说：“惊讶，这尤其是哲学家的一种情绪。除此之外，哲学没有别的开端。”① 所谓“没有别的开端”，更准确地说，是“没有别的决定性的起点”。由惊讶这一起点开始，人们会奇怪、会生疑、会追问、会求索、会反思、会批判，等等。正是在这一系列活动中，思维的花朵不断盛开、哲学的思想不断涌出。

政治哲学的产生也是如此，它“产生于理性对于人统治人的权利提出疑问之时”②。正因为惊讶于人对人统治的存在，人们会奇怪为什么人能够统治人，会追问人统治人的合法性在哪里，会反思哪些人统治哪些人更为合理，等等。如果人统治人是不可避免的，那么，如何实现人对人的统治便成为又一个根本问题。当国家成为“人统治人”的普遍形式时，“人统治人”这一根本问题便转化为国家是否应当存在、国家应当如何组织等亦具有根本性的问题。如诺齐克所言，“政治哲学的根本问题，即先于国家应如何被组织起来这类问题的问题，在于是否应当有国家存在”③。由国家这一根本问题延展开来，又涉及政治应该怎样存在、人民应该怎样生活、社会应该怎样组织、价值应该怎样判断等一系列子问题。当政党政治成为“国家政权”的普遍现象时，政党如何参与政治、政党如何进行组织、政党与国家之间应当如何相处、政党与群众之间是什么关系等问题又成为政治哲学思考的对象。当人日渐划分为两大阶级、“人统治人”转变为“阶级统治阶级”之时，资产阶级与无产阶级之间应由谁进行统治、资本与劳动之间应该保持什么关系、资本主义社会将会去向何处等问题便相继跳入了政治哲学的思索范围。

这些根本问题作为政治哲学的原生点，也成为列宁后期政治哲学的关切点。或者说，列宁后期政治哲学正是对这些根本问题的回答，但列宁的回答与政治哲学史中的大多数回答有着根本区别。首先，他

---

① 《柏拉图全集》第 2 卷，王晓朝译，人民出版社 2003 年版，第 670 页。

② Chester C. Maxey, *Political Philosophy*, New York: The Macmillan Company, 1938, p. 5.

③ Robert Nozick, *Anarchy State and Utopia*, New York: Basic Books, Inc, 1974, p. 4.

的回答是“因病而生”的。如杜威所言，“政治哲学的产生，一定是在政治有病的时候”①。列宁的回答起于现实的病症，是诊断现实之病后所开出的对症之方。其次，他的回答是“实践检验”的。也就是说，列宁的回答是立足于客观事实，在实践中产生又经过实践检验的。可以说，列宁后期政治哲学所回答的不仅是贯穿政治哲学史的根本问题，而且是在质疑中、在实践中对这一问题作出的回答。

二　致思路向：所开辟的是独具特色的现实路向与实践路向

政治哲学研究在中国复兴之后存在一个明显遗憾，即研究范式过于规范，缺少现实向度与实践向度。这固然与研究者的致思取向有关，但更重要的恐怕是作为研究对象的政治哲学本身缺少现实向度与实践向度。如果说政治哲学的主要致思路向是以“是”为起点、围绕“应该”展开论述，那么列宁后期政治哲学的主要致思路向便是以“是”为起点、根据“应该”展开实践。换言之，列宁后期政治哲学开辟的是一条“是”与“应该”双向通行的致思路向，具有鲜明的现实性与实践性。甚至可以说，列宁将理想与现实、理论与实践的“结合”功夫做到了他们那代马克思主义者的极致。

思想型的政治哲学家往往能够敏锐地发觉现实政治中存在的矛盾与冲突，也能够充分地批判现实政治中存在的不公与异化，并在思想理论层面构筑起关于“应该”的政治哲学理念。但是，这些政治哲学理念，看似精准、深刻、美好，貌似激荡情怀、振奋人心。实际上，它们对矛盾、冲突、不公、异化等现实政治问题的解决仅仅停留在思想理论层面，也就是说，它们是在思想理论层面而不是现实生活层面消解政治问题的。何以至此？重要原因之一便是，他们处于现实政治之外，偏向于就政治谈政治、就理论谈理论，忽视了政治问题的经济、社会、文化等现实根源，因此，不但不能认清现实政治的本质与规律，更无法摸清政治哲学理念的实现途径与依靠力量。

---

① ［美］杜威：《杜威五大讲演》，胡适口译，安徽教育出版社 2005 年版，第 2 页。

列宁区别于思想型政治哲学家的根本之处在于，他处于现实政治之中，是现实政治的参与者乃至领导者，拥有参与政治生活的经历和领导政治运动的经验。因此，列宁更具有全局视野、战略眼光以及系统思维，更了解现实政治的本质规律与运作机制，更清楚现实政治与其他要素之间的关系，更通晓革命理想的实现路径、依靠力量，更明白政治理想、价值理念落地的难度与空间。列宁作为领袖型政治哲学家的上述特点决定了其后期政治哲学具有更加强烈的现实穿透力、更大幅度的实践可能性，使其不仅能够在思想理论中探讨政治，更能在现实生活中实践政治。也因此，生命后期的列宁能够“分析现实政治的本质与运作规律，通过对政治现实的深刻洞察与社会运行机制的深刻把握来阐明政治理念的实现逻辑与实现力量”①，从而将革命理想与俄国现实、政治哲学与政治实践以更加适宜的方式结合起来。

三　主要内容：所开创的是独树一帜的政治哲学形态

列宁后期开辟了一个全新的政治哲学主题：“国家与建设”，或者说，“管理俄国与社会主义建设”。围绕这一主题，列宁进行了关于“资产阶级社会的社会主义转变”② 的实践尝试，并在实践过程中形成了以社会主义建设为主要内容的政治哲学思想。这一主要内容赋予了列宁后期政治哲学以全新的理论形态，使其作为一面独特的旗帜屹立在马克思主义政治哲学以及共产党人政治哲学领域之上。

（一）列宁后期政治哲学是“俄苏化”的马克思主义政治哲学形态

何为“俄苏化”③？这一概念在此处至少包括三大关键要素：一是时间要素，即十月革命之后到列宁逝世之前；二是空间要素，即适

---

① 李海青：《超越规范性政治哲学——一种反思的视角》，《哲学动态》2010 年第 8 期。

② ［比］欧内斯特·曼德尔：《革命的马克思主义与 20 世纪社会现实》，颜岩译，中国人民大学出版社 2013 年版，第 53 页。

③ “俄苏”是十月革命之后建立的苏维埃俄国与 1922 年 12 月 30 日建立的苏维埃社会主义共和国联盟（简称苏联）的联称。

配于俄苏大地的马克思主义政治哲学；三是主题要素，即马克思主义政治哲学视阈下以社会主义建设为主题的政治哲学。对此，比利时马克思主义者欧内斯特·曼德尔有一段概括可作为补充性说明，即“通过对帝国主义、世界大战以及第一次革命浪潮的研究，列宁丰富和发展了马克思的遗产，他的著作是帝国主义上升时期和十月革命时期的马克思主义”①。这一论述言明了列宁后期政治哲学产生的国际背景和所处的历史阶段。可以说，列宁后期政治哲学是对马克思、恩格斯所开启的以革命形式实现共产主义命题的继续探索与现实书写，并将马克思主义政治哲学范畴在时间、空间、主题等方面向前延伸了一个阶段。从这个意义上来说，列宁是马克思主义政治哲学“俄苏化”形态的开创者。他在追随马克思主义政治哲学的过程中成为其中的一部分，同时又将马克思主义政治哲学推向了新的历史阶段。因此，列宁后期政治哲学是马克思主义政治哲学的追随者、构成者和推进者。如何评价作为马克思主义政治哲学追随者、构成者、推进者的列宁后期政治哲学呢？一言之，“既要肯定青胜于蓝，又要看到青出于蓝，更要正视在若干问题上青不如蓝”②。青与蓝虽有区别却同质相连，同理，列宁后期政治哲学虽有别于马克思、恩格斯以及列宁前期政治哲学，却同属同构于马克思主义政治哲学。概言之，列宁后期政治哲学是1917年十月革命之后至1924年列宁逝世之前，列宁通过马克思主义政治哲学理论研究与社会主义政治实践而形成的“俄苏化”的马克思主义政治哲学形态，它是马克思主义政治哲学不可或缺的有机组成部分。

（二）列宁后期政治哲学是共产党建设社会主义的政治哲学形态

马克思、恩格斯对资本主义转变为社会主义的必然性进行了科学阐释，列宁则为这种转变创造了政治前提并以共产党为领导核心进行了社会主义建设的最初尝试。如果说马克思、恩格斯是通过批判旧世

① ［比］欧内斯特·曼德尔：《革命的马克思主义与20世纪社会现实》，颜岩译，中国人民大学出版社2013年版，第18页。

② 何建华：《俄苏马克思主义哲学形态研究》，黑龙江人民出版社2013年版，第140页。

界来发现新世界，即预测与力证了社会主义代替资本主义的必然性与科学性，那么，列宁则是通过打碎旧世界来创造新世界，即开启和推进了社会主义代替资本主义的现实进程和理论阐释。值得强调的是，列宁对社会主义新世界的创造并不是随心所欲、凭空产生的，它首先以马克思、恩格斯所开创的政治哲学为“活的行动指南”。在这一“活的行动指南”指引下，结合俄苏的时情、国势与民需，展开了由共产党领导的向社会主义过渡的最初尝试，并在尝试与求索中形成了共产党建设社会主义的政治哲学形态。由此观之，该政治哲学形态形成的关键在于“结合”，即马克思、恩格斯所开创的科学社会主义理论与苏俄时情、国势、民需的结合。“结合”的成功意味着进步与发展，意味着一种新的国家类型、政治制度与社会模式如同婴孩儿一般呱呱坠地。由此启端，社会主义建设及其政治哲学形态的形成正式拉开了序幕，中国共产党的成立及其政治哲学形态的形成也随之奏响了序曲。正如毛泽东1949年6月在纪念中国共产党成立二十八周年时所总结的那样：“十月革命一声炮响，给我们送来了马克思列宁主义。十月革命帮助了全世界的也帮助了中国的先进分子，用无产阶级的宇宙观作为观察国家命运的工具，重新考虑自己的问题。走俄国人的路——这就是结论。”① 可以说，中国人是通过俄国人介绍而找到马克思主义的，中国共产党是通过模仿俄苏共产党而组织建立的，中国化的马克思主义政治哲学亦是通过借鉴“俄苏化”的马克思主义政治哲学而生成发展的。概言之，列宁是共产党建设社会主义政治哲学形态的创始者与引领者，列宁后期政治哲学是共产党建设社会主义政治哲学的理论据点与思想源泉。

综上可见，列宁后期政治哲学不仅为政治哲学根本问题提供了独特解答，而且为政治哲学致思路向开辟了崭新途径。只是由于价值目标、时代任务、落地条件的不同而呈现出不同的政治哲学形态。回望

① 《毛泽东选集》第4卷，人民出版社1991年版，第1471页。

历史，“对 20 世纪的阅读似乎必然与列宁这个名字联系在一起”①，对 20 世纪政治哲学的考察似乎也必然与列宁后期政治哲学联系在一起。但是，概览政治哲学史著作，无论是施特劳斯、克罗波西的《政治哲学史》，还是罗尔斯的《政治哲学史讲义》，抑或是莱斯诺夫的《二十世纪的政治哲学家》，都没有为列宁置留一席之地。本书认为，这是有失公允的。因为他所开创的关于社会主义建设的政治哲学，为 20 世纪的政治哲学增添了浓墨重彩的一笔，理应载入人类政治哲学的思想谱系，成为留待人类继续书写的历史课题。

第二节 列宁后期政治哲学的现实影响

列宁后期政治哲学思想对现实有着非常重大的影响。这种影响首先体现在俄苏，其次体现在中国。本节将着重探讨列宁后期政治哲学思想对中国的现实影响。由于列宁后期政治哲学思想主要以国务文献与国务活动为载体，因此，其对中国的实质影响主要体现在党和国家对路线、方针、政策的选择与制定上。又由于列宁后期政治哲学主要围绕社会主义建设而展开，因此，其对中国的影响主要集中于新中国成立之后，尤其是社会主义过渡时期、改革开放时期以及新时代乡村振兴战略的实施。

一 对过渡时期总路线的提出起到直接的催化作用

新民主主义革命胜利之后，我国开始建设人民民主专政的社会主义国家，由此开始面对与列宁后期一样的时代课题——“国家管理与社会主义建设”。与苏俄一样，新生的社会主义中国并不具备和平的建设环境和必要的经济基础。经过恢复经济、土地改革、抗美援朝和镇压反革命等一系列准备，向社会主义过渡的政治前提与经济基础才

① 张文喜、臧峰宇：《马克思主义政治哲学史》，中国人民大学出版社 2017 年版，第 306 页。

得以奠定。在这种情况下，以毛泽东为核心的党中央顺应时情、国需、民心，提出了向社会主义过渡的时代任务。其实，早在新中国成立前夕，中共七届二中全会就提出了由新民主主义向社会主义过渡的问题，到1952年底，国民经济恢复任务已基本完成，根据毛泽东的建议，党中央从中国的实际情况出发，提出了党在过渡时期总路线，作为过渡时期各项工作的指南。1953年9月25日，《人民日报》发表的庆祝新中国成立四周年的口号中，正式公布了这条总路线，即"从中华人民共和国的成立，到社会主义改造基本完成，这是一个过渡时期"。并为此任务的顺利实施制定了总路线，即要在一个相当长的时期内，逐步实现国家的社会主义工业化，并逐步实现国家对农业、手工业和资本主义工商业的社会主义改造。毛泽东强调，过渡时期的总路线是照耀党和国家各项工作的灯塔，各项工作离开它，就要犯右倾或"左"倾的错误。向前追溯，这条总路线的设想直接来源于列宁晚年著作中所蕴含的社会主义建设的构想。

首先，工业化任务的提出与实施直接来源于列宁过渡时期的总路线。列宁在20世纪20年代指出无产阶级政党在过渡时期的总任务是：必须利用自己掌握的国家政权来建设社会主义经济，而实现社会主义工业化则是建设社会主义经济的唯一基础。他认为："如果一个国家大工业占优势，或者即使不占优势，但是十分发达，而且农业中的大生产也很发达，那么直接向共产主义过渡是可能的。没有这种条件，向共产主义过渡在经济上是不可能的。"① 也就是说，在列宁看来，工业化是一个国家建设社会主义、实现共产主义的经济基础和必要前提，没有这一经济基础和必要前提，向共产主义过渡是无从谈起的。毛泽东等中国共产党人根据列宁在过渡时期的总路线和中国落后的经济现实，从"富国强民"的高度，提出在小农经济占优势的中国实现工业化的构想，并将这一构想纳入过渡时期总路线中。同时，还特别强调社会主义工业化在过渡时期总任务中的主体地位，即将社

① 《列宁选集》第4卷，人民出版社2012年版，第464页。

会主义工业视为整个国民经济改造的物质基础，将三大改造的实现视为工业化的助力。当时有种形象的说法，叫“一体两翼”，即工业化是鸟的主体，“三大改造”是鸟的两翼。主体（“工业化”）健壮、两翼（“三大改造”）丰满，才能使处于贫穷落后农业国状态的中国蝶变为先进富裕的工业国。由此可见，在中国共产党的领导下实现工业化思想是对列宁大工业思想的继承与发展，两者在基本精神和具体提法上均具有一致性。

其次，对农业的社会主义改造直接源于列宁的合作社理论。十月革命胜利之后，在工人阶级已经掌握国家政权、国家政权已经掌握全部生产资料的情况下，列宁认为，实现居民合作化成为社会主义的俄国亟待解决的唯一任务。因此，当务之急是马上采取措施发挥“合作社”原则的积极效应，以便使每一个居民都了解到“合作社”原则所负载的社会主义意义，以便运用“合作社”的方式引导农民走上社会主义道路。其实，列宁对合作社的看法并非一直如此，在此之前，他将合作社视为旧社会的产物而加以拒斥，但在实践与探索过程中，慢慢转变这种旧的观念，而将其视为引导居民走向社会主义的工具而加以倡导和利用。以毛泽东为代表的中国共产党人受此影响。进入社会主义改造时期之后，他们从中国农村的实际情况出发，创造性地发挥了列宁关于农业社会主义改造的基本原理，充分地汲取了党在民主革命时期领导农民互助合作运动的实践经验，明确地提出了“先有合作化后机械化”的总体主张，并制定和实行了进行农业社会主义改造的一整套路线、方针、政策。由于这些路线、方针、政策符合中国当时的国情，因此在实践中获得了成功，从而实现了对个体农业的社会主义改造，在农村建立了社会主义公有制、确立了按劳分配和统一管理的原则，成功地引导农民通过合作化的方式走上社会主义道路，继承和发展了列宁关于改造小农经济的理论。

最后，对资本主义工商业的改造直接源于列宁的国家资本主义理论。在对待生产资料私有制方面，马克思、恩格斯的设想是先通过暴力革命，后通过“剥削剥削者”的方式消灭私有制，但并不拒绝赎买方式。列宁的设想是先取得暴力革命的胜利，后通过和平赎买的方式建立国家资本主义，但实际情况并没有沿着列宁的设想一直向前推进：十月革命虽然取得了胜利，和平赎买的方式却并未获得成功。因此，又通过强行没收的办法将私人企业收归社会主义国家所有。以毛泽东同志为核心的党的第一代中央领导集体，反复研究和学习列宁关于新经济政策和国家资本主义的理论和实践，对当时中国存在的资本主义分而治之，即没收官僚资本主义、改造民族资本主义。对民族资本主义工商业的改造直接参考了列宁的设想，即通过利用、限制、改造及和平赎买的方式建立国家资本主义。这一设想在实践中取得了成功，这意味着马克思、恩格斯和列宁所设想的“和平赎买”虽然没有在西方落地却在中国生根了。

尽管这一时期，国内知识界加强了对列宁后期著作的研究与借鉴，但又存在一个遗憾，即通过斯大林著作和苏联模式理解列宁。斯大林在理论上将无产阶级专政理解为列宁主义的核心，忽视了列宁关于建设社会主义的其他思想、理论与观点，在实践中过分强调国家的专政职能和集中管理，从而形成了高度集权的苏联模式。不可否认，这对全面建设社会主义时期中国共产党的思想和实践也产生了消极的影响。

二　对改革开放的实践起到重大的推动作用

中国改革开放总设计师邓小平同志对列宁后期的施政思路是颇为肯定和赞扬的。1985 年 8 月，邓小平在会见津巴布韦非洲民族联盟主席、政府总理穆加贝时说道：“社会主义究竟是个什么样子，苏联搞了很多年，也并没有完全搞清楚。可能列宁的思路比较好，搞了个新经济政策，但是后来苏联的模式僵化了。”① 事实上，邓小平不仅在理论上肯定了列宁“新经济政策”的改革思路，也在实践上继承并发展了列宁所开辟的社会主义改革事业。可以说，列宁后期思想，

① 《邓小平文选》第 3 卷，人民出版社 1993 年版，第 139 页。

尤其是新经济政策对以邓小平同志为核心的党的第二代中央领导集体所实行的改革开放路线起到了重大的推动作用。这种推动作用主要体现在以下方面。

其一，要走符合自身国情的社会主义建设道路。十月革命胜利之后，列宁将马克思、恩格斯关于在发达资本主义国家建设社会主义的设想直接运用于经济文化落后、资本主义发展不充分的俄国，实行战时共产主义政策，并在国内外战争基本结束的情况下，依然沿用此政策，试图通过该政策直接过渡到共产主义社会。实践证明，这种直接过渡的方法在落后的苏俄行不通。之后，列宁放弃直接过渡的设想，在对基本国情认真分析和清醒认识的基础上，果断采取新经济政策，以此为中介开始向社会主义的间接过渡。在列宁新经济政策的影响之下，邓小平也找到了适合中国实际的社会主义建设道路。1982 年 9 月 1 日，在中国共产党第十二次全国代表大会开幕式上，邓小平明确指出："把马克思主义的普遍真理同我国的具体实际结合起来，走自己的道路，建设有中国特色的社会主义，这就是我们总结长期历史经验得出的基本结论。"改革开放，走具有中国特色的社会主义道路，建设具有中国特色的社会主义，成为四十年来国家建设的主题。列宁新经济政策与中国改革开放政策的共同之处在于：从本国客观存在的实际情况出发，将经济发展视为全部工作的重心并允许商品经济和多种经济成分存在，将改革视为发展动力且均从农村改革入手，与此同时，对外采取开放态度。从这种意义和角度来说，改革开放政策是对新经济政策的继承与发展。但是，也要看到两者存在着根本的不同，即后者是对前者的超越。具体而言，新经济政策是对传统马克思主义理论的初次冲击、对市场经济的初次尝试，但可惜的是，列宁去世后就被斯大林放弃了，并没有坚持贯彻下去；与之形成鲜明对比的是，中国改革开放是对斯大林模式的否定、对列宁新经济政策的回归，在中国建立了社会主义市场经济体制，成为我国社会主义建设的基本国策，得到长期坚持并取得举世瞩目的显著成就。

其二，要利用资本主义的方式与要素发展社会主义经济。列宁与邓小平不但都强调要将党和国家的工作重心转移到经济建设上来，而且提出了利用资本主义的方式与要素发展社会主义经济的思想。列宁认为，由于俄国经济文化比较落后，进行社会主义建设需要走特殊的道路，即利用资本主义的要素，采取国家资本主义的方式，逐渐走向社会主义，并且明确提出“同社会主义比较，资本主义是祸害。但同中世纪制度、同小生产、同小生产者散漫性引起的官僚主义比较，资本主义则是幸福”①，在一定程度上肯定了资本主义的历史进步性。新经济政策的实质与核心便是利用国家资本主义，通过自由贸易和商品流通打破生产者之间、城乡之间的壁垒。在我国改革开放过程中，邓小平首先解决了思想认识问题，科学提出“计划多一点还是市场多一点，不是社会主义与资本主义的本质区别。计划经济不等于社会主义，资本主义也有计划；市场经济不等于资本主义，社会主义也有市场。计划和市场都是经济手段”②。在邓小平看来，市场只是经济发展的手段，而不是经济性质的决定因素，在社会主义制度下也可以利用市场实现经济发展，并在党的十四大上确立了社会主义市场经济体制。列宁从基本国情出发，主张利用资本主义遗留下来的科学技术成果、文化遗产、资产阶级专家等，通过国家资本主义形式，发展社会主义；邓小平则立足于基本国情和时代特点，主张利用资本主义的一切优秀文明成果，加速社会主义社会的发展，在理论层面和实践程度上均超越了列宁的设想与尝试。

其三，要不断改善国家机关和加强党的自身建设。列宁十分重视对苏维埃政权和无产阶级政党的建设。生命垂危之际，列宁在病床上连续口授《我们怎样改组工农检察院》（1923 年 1 月）、《宁肯少些，但要好些》（1923 年 3 月）两篇文章，强调改善国家机关、克服官僚主义、选拔优秀人才的重要性，并指出了具体的实现途径，以防止共

① 《列宁选集》第 4 卷，人民出版社 2012 年版，第 510 页。

② 《邓小平文选》第 3 卷，人民出版社 1993 年版，第 373 页。

产党由“人民公仆”变质为“人民主人”。在不断深化改革开放的过程中，邓小平也十分强调执政党的自身建设。他在继承和发展列宁有关思想的基础上，从思想、组织、作风等多个方面，将执政党自身建设的理论和实践向前推进了一个阶段。尤其是东欧剧变、苏联解体以后，邓小平更加强调这个问题，并从防止“出问题”的角度强调了领导班子建设。他说，“中国要出问题，还是出在共产党内部。对这个问题要清醒，要注意培养人，要按照‘革命化、年轻化、知识化、专业化’的标准，选拔德才兼备的人进班子。”① 由此可见，邓小平将党的自身建设上升到国家发展层面，在党的自身建设方面又格外注重党员个人的培养与选拔。与列宁晚年改善国家机关、加强党的建设理论相比，邓小平的相关思想更加系统、更加切合时代的要求，两者是一脉相承的。

尽管列宁后期所主张的新经济政策没有得到彻底的贯彻，它仍在理论与实践的各个方面，尤其是改革开放层面，给以邓小平同志为核心的党的第二代中央领导集体以启发与影响，对中国改革开放的实践起到了重大的推动作用。

三　对乡村振兴战略的实施起到显要的借鉴作用

2021 年，以习近平同志为核心的党中央吹响了全面推进乡村振兴的响亮号角，带领中国人民在有中国特色的社会主义乡村振兴之路上又一次迈出坚定步伐。回望社会主义乡村振兴之路，一百年前，也即 1921 年，以列宁同志为核心的俄共（布）和苏维埃政权带领苏俄人民进行了“新经济政策”的尝试，对社会主义乡村振兴之路进行了积极有效的探索，成为马克思主义发展史上践行乡村振兴战略的第一支队伍。在这个历史节点上，回顾与重思百年前列宁对振兴乡村的设想与实践具有重要的理论意义与实践价值。这种理论意义与实践价值主要体现在以下三方面。

① 《邓小平文选》第 3 卷，人民出版社 1993 年版，第 380 页。

首先，人的解放与生产力的解放相一致，在乡村振兴中，要注重把人的积极性调动起来。

马克思主义创始人的一大理想便是通过无产阶级的解放进而实现全人类的解放。十月革命之后，列宁亦积极寻求无产阶级的解放，积极寻求进入共产主义社会的途径与办法。虽有理想照耀，但无前路可寻，一切只能在理想与现实的巨大差距中摸索着前进。以余粮收集制为主要特征的战时共产主义政策便是这种“寻求”与“摸索”的产物。这项政策在实施之初有其积极意义，它为前线、工厂和政权建设提供了必要且宝贵的物质支持。但是，在国内外战争已经基本结束的情况下，列宁再试图通过战时共产主义政策直接过渡到共产主义社会便不再合时宜。因为这项政策及其在实施过程中，极大地挫伤了农民种粮的积极性。在农民占大多数、小农经济为支柱的苏俄，农民种粮积极性的下降意味着农业生产力的直接减退，也间接地影响到工业生产以及工人生活，以致整个社会重新陷入一种无序状态，这种无序致使苏联共产党的统治以及苏维埃政权也陷入危机。痛定思痛，列宁意识到，占人口大多数的农民并不是天然的社会主义者，想要迈入社会主义就要解放生产力，想要解放生产力就要首先调动农民的积极性。如何调动农民的积极性呢？“两个阶级的利益是各不相同的小农需要的东西同工人需要的不一样”①，“整个问题在于使农民有一种经济上的刺激与动因”②。为此，列宁力排众议，实施了以粮食税为主要特征的新经济政策，在很大程度上满足了农民在土地、粮食流转、自由贸易等方面的需求，从而极大地调动了农民的积极性。随着农民积极性复活的，还有工业以及整个国民经济。这对新时代乡村振兴战略具有重要借鉴意义。乡村振兴过程中，首先需要调动农民的积极性，符合其物质利益需求，让其尝到甜头、感到公平，才能更好地投身于乡村建

---

① 中共中央马克思恩格斯列宁斯大林著作编译局编译：《列宁论新经济政策》，人民出版社 2020 年版，第 9 页。

② 中共中央马克思恩格斯列宁斯大林著作编译局编译：《列宁论新经济政策》，人民出版社 2020 年版，第 22 页。

设这项伟大的事业。除此之外，需要树立乡村的“大振兴观”，需要调动起来的不仅仅是乡村本地的农民，也包括投身乡村建设的知识分子、公务人员、国企事业单位工作人员等涉及这项历史伟业的方方面面的人，如此才能形成广泛合力。

此外，还有一个需要强调的问题，即“度”的问题。新生的苏维埃政权面临两个任务：一是抵御国外入侵与反革命叛乱；二是发展工业。作为一个被资本主义包围的孤立国家，无法向西方先发国家一样通过向外殖民来实现国家巩固、资本积累与工业发展，最初只能依靠向农业、农村与农民中提取，而提取的理由是“为了和平”。当“和平”基本已经实现时，再继续提取，一方面超出了农民的心理接受程度，更重要的是远远超出了农民的经济承纳度。因为余粮收集制在实施过程中，有过量收集、粗暴收集等现象，甚至将农民的口粮也一并收集去，这就导致农民的生活难以为继，或者说，生存出现问题。因此，这不是一个可不可以的问题，而是一个如何把握度的问题。列宁亦言，对农民超过了一个度。要重新把握这个度，要去换而非取。用工业所生产出的产品换取农村的资源。中国与苏俄有相似之处：中国是内向型积累国家，工商业的原始积累主要从农业中提取，在提取中，也有一个度的问题。在经济总量跃居世界第二的情况下，如何调整城乡关系，如何把握民族复兴过程中对农民取与予的“度”仍是需要着重考虑的问题。

其次，乡村振兴与乡村的文化振兴紧密相连，在乡村振兴中，要注重提高农民的科学文化素质。

十月革命后，列宁已经意识到工作重心转移的问题。新经济政策开始实施后，他更加强调文化的作用。1923 年，在《论合作社》中，列宁更是直接指出，“我们不得不承认我们对社会主义的整个看法根本改变了。这种根本的改变表现在：从前我们是把重心放在而且也应该放在政治斗争、革命、夺取政权等等方面，而现在重心改变了，转到和平的‘文化’组织工作上去了”①。这种转变集中体现为两点。

① 《列宁选集》第 4 卷，人民出版社 2012 年版，第 773 页。

一是领导社会主义事业需要“从头学起”。列宁指出，“俄国工人阶级有本领夺得政权，但是还没有学会利用这个政权”[①]，致使无产阶级政权面临“灭亡的威胁”。这种情况下，不但要把学习作为“最重要的任务”，而且要“利用不打仗、没有战争的每个时机来学习”[②]；不但要在学习上“不惜破费”，而且要运用实践经验来检验学习成绩并“善于三番五次地从头做起”。学习什么？怎样学习呢？在管理方面，要“学会检查、监督与指导”；在业务方面，要学会“计算”“经商”与“经营”，学会“做经济工作”，尤其是“与农民经济相结合”；在途径方面，需要向掌握专业知识、科学技术、管理经验的人请教学习；在效果方面，要“有本领做生意，有本领赚钱，有本领摆脱困难的经济状况”[③]。

二是“在农民中进行文化工作”。列宁将“在农民中进行文化工作”视为划时代的两大任务之一。“在农民中进行的文化工作，就其经济目的来说，就是合作化。要是完全实现了合作化，我们也就在社会主义基地上站稳了脚跟。但完全合作化这一条件本身就包含有农民（正是人数众多的农民）的文化水平的问题，就是说，没有一场文化革命，要完全合作化是不可能的。”[④] 就其政治目的来说，是引领占人口绝大多数的农民走上社会主义的道路，为社会主义建设奠定更加广泛的群众基础、凝聚更加广泛的群众力量。但是，列宁内心十分清楚，改造小农需要几代人的时间，在农民中进行文化革命需要从基础做起，循序渐进。针对文盲占大多数的现实情况，列宁主张进行扫盲工作。

习近平总书记在党的十九大报告中指出：“文化是一个国家、一个民族的灵魂。文化兴国运兴，文化强民族强。没有高度的文化自

① 《列宁全集》第43卷，人民出版社2017年版，第32页。
② 《列宁全集》第43卷，人民出版社2017年版，第291页。
③ 《列宁全集》第43卷，人民出版社2017年版，第303页。
④ 《列宁选集》第4卷，人民出版社2012年版，第773页。

信，没有文化的繁荣兴盛，就没有中华民族伟大复兴。”① 文化是政治的先导，乡村是国家的基石。目前，我国农业人口占到人口总数的40%左右。可以说，没有乡村文化的振兴，没有农村人口文化素质的提高，就很难振兴文化、鸿兴国运。从这个意义上来说，乡村文化振兴是关乎中华民族伟大复兴的重要抓手，而在乡村文化振兴中，提高农民的科学文化素质无疑是重中之重。

最后，社会主义现代化与乡村现代化魂相牵，在乡村振兴中，离不开农业、农村、农民的现代化，尤其是农民的现代化。

十月革命之后，列宁苦思冥想的是如何实现工业的现代化，而现实告诉他，首先要考虑的问题是工业的持续化发展，而这一持续化发展离不开农业与农民的支持。为此，他将改革的视角投向农村，注重调动农民的积极性、解放农业的生产力，进而为工业化提供一个稳定而坚实的经济基础。在农村改革之中，一个绕不开的问题便是农业的现代化问题。在列宁看来，农业的现代化不仅仅包括生产资料，尤其是生产工具的现代化，更重要的是农民的现代化。值得强调的是，这种现代化也并非资本主义意义上的现代化，而是社会主义意义上的现代化。其中，最为引人注目的便是共产主义新人的培养。在共产主义奋斗史上，这是列宁所提出的一个全新的课题，他也给出了独特而新颖的答案。

社会主义现代化强国离不开乡村的现代化与富强，换言之，乡村的现代化是建设社会主义现代化强国不可或缺且至关重要的一部分。在精准脱贫阶段，习近平总书记说，“小康不小康，关键看老乡”。到了乡村振兴阶段，可以说，“振兴不振兴，关键看乡村”。随着农业现代化的推进，将有更多的农业人口从粮食生产中解放出来，从事粮食生产之外的农业生产或者从事二、三产业的生产。此时，农民的现代化便成为经济发展的重要引擎和推动力。在社会主义国家，农民现代化的过程也是社会主义新人的培养过程。何为社会主义新人，

① 《中国共产党第十九次全国代表大会文件汇编》，人民出版社2017年版，第33页。

1937 年，毛泽东在为陕北公学成立题词中指出："要造就一大批人，这些人是革命的先锋队。这些人具有政治远见。这些人充满着斗争精神和牺牲精神。这些人是胸怀坦白的，忠诚的，积极的，与正直的。这些人不谋私利，唯一的为着民族与社会的解放。这些人不怕困难，在困难面前总是坚定的，勇敢向前的。这些人不是狂妄分子，也不是风头主义者，而是脚踏实地富于实际精神的人们。中国要有一大群这样的先锋分子，中国革命的任务就能够顺利的解决。"① 这也应成为现代化农民的应有之义。总而言之，农民的现代化应是社会主义、共产主义意义上的现代化，农民应是社会主义、共产主义意义上的新型农民。

综上可见，列宁后期政治哲学思想并不是通过理论本身得到传播的，而是通过理论所产生的现实效用而实现传播的，即十月革命的胜利以及新经济政策的成效。它在中国的传播与发展，基源于自身的真理性，凭赖于可传播性与可适应性，发展于效用可见性。简言之，在俄国管用，移植到中国之后，通过本土化、大众化也产生了效用，因此，得到了更大范围的传播与认可、更大程度的内化与发展。可以说，列宁后期政治哲学对中国有着很大的现实影响力，在很大程度上影响并将继续影响着中华民族的现代命运。

第三节　列宁后期政治哲学的当代启示

如果用列宁自己的话来给他进行一个身份界定的话，"职业革命家"这个称号怕是再合适不过了。由于"职业革命家"是一个群体性概念，因此，列宁又不仅仅是"职业革命家"中的普通一员，而是这个群体的领袖。如何成为领袖呢？有人靠思想，有人靠刀剑，有人两者皆靠。列宁呢？他最重要的依靠，除了思想与刀剑，还有开拓

① 中共中央文献研究室编：《毛泽东年谱（1893—1949）》（中卷），中央文献出版社 2013 年版，第 34 页。

与实干。细说来，就是能虑他人之未虑、言他人之未言、做他人之未做、成他人之未成。这种领袖型、开拓型、实干型政治哲学家的政治哲学思想在当今时代仍然具有很大的启发意义。

一　领袖型政治哲学家的生成学启示

某种思想的生成学，完整地说，应该包括两大方面：一是理论上何以成立；二是现实中何以完成。依此来看，列宁作为领袖型政治哲学家，其政治哲学的生成亦需从三个方面进行考察：以何种方式存在、如何产生影响以及为何能够影响。

（一）从存在方式来说，政治哲学思想可彰显于“做”，可蕴含于“国务文献”

一般而言，政治哲学思想彰显于“述”、蕴含于“理论著作”，但是，马克思主义政治哲学的存在方式有所不同：它虽注重“解释世界”，但更注重“改变世界”；虽注重“理论”，但更注重“实践”。换言之，马克思主义政治哲学不仅可以彰显于“述”，而且可以彰显于“做”。同为马克思主义政治哲学经典作家，列宁与其导师马克思、恩格斯在身份定位与思想输出上存在根本不同。马克思、恩格斯既是思想家又是革命家，甚至在恩格斯看来，“马克思首先是一个革命家”[①]。作为革命家，马克思、恩格斯“改变世界”的方式以著述为主、活动为辅，且活动效用有限。列宁则不同，尽管他谦虚地将自己称为“一个普通的马克思主义者”[②]，但这种自谦无法抹去他作为马克思主义政治哲学经典作家的思想贡献，更无法抹去他作为马克思主义政治领袖的历史贡献。

然而，这样一个作出突出思想贡献和历史贡献的马克思主义政治哲学经典作家和马克思主义政治领袖却鲜有纯理论、纯学术的著作。那么，他是如何输出自己的思想、如何左右历史进程的呢？恩格斯在

① 《马克思恩格斯文集》第 3 卷，人民出版社 2009 年版，第 602 页。
② 《列宁全集》第 45 卷，人民出版社 2017 年版，第 165 页。

评价欧洲文艺复兴时代的巨人时曾说，这些巨人“几乎全都置身于时代运动中，在实际斗争中意气风发，站在这一方面或那一方面进行斗争，有人用舌和笔，有人用剑，有些人则两者并用”①。列宁作为资本主义向社会主义过渡时代的巨人，他置身时代的方式是什么呢？总的来说，是将理想信仰与哲学思考输入国务文献之中，通过国务活动来实现其政治哲学构想。这也是为何列宁后期的大部分著作以国务文献形式呈现的奥秘所在。这些国务文献“包括列宁在从事国务活动时写下的各种决定、命令、法令、公务信件和电报以及在各种公文上作的批示和指示、在各种会议上作的报告和发言等”②。十月革命之后，列宁作为国家领导人和执政党领袖，他关于社会主义建设的政治哲学思想正是通过制定路线、方针、政策来得到输出和彰显的。因此，十月革命之后的国务文献成为列宁后期政治哲学思想的主要载体，国务活动也成为列宁后期政治哲学思想的实现途径。

由此观之，列宁与马克思、恩格斯等马克思主义经典作家的不同之处在于，其后期政治哲学思想不仅彰显于“述”，而且彰显于“做”；不仅蕴含在“理论著作”中，更蕴含在“国务文献”中。这种“述”“做”兼有、“理论”“国务”并存的承载方式，加大了列宁后期政治哲学理解、辨识与把握的难度，同时，也增加了其现实性、生活性与灵活性。这启示我们，与国务文献、国务活动的结合是政治哲学思想落地的重要途径和有效方式。

（二）从影响方式来说，政治哲学思想可寄托于“言辞”，可凭赖于“激情”

一般而言，政治哲学作为理论来说，是严谨的，是讲求理性与逻辑的。但是，若使之进入生活，变为现实的一部分，则仅有严谨、理性和逻辑是远远不够的。因为一个思想体系不管多么高深、曼妙，它在现实生活中存在的期限往往取决于自身的性质满足社会需要的程

① 《马克思恩格斯文集》第9卷，人民出版社2009年版，第410页。

② 丁世俊：《向社会主义过渡的最初步骤——介绍〈列宁全集〉中文第二版第33卷》，《教学与研究》1986年第5期。

度。这里的“性质”主要是指“它的真理性、可传播性和适应性”①。其中，真理性是根基，可传播性与适应性是条件。领袖政治哲学思想的存在与实现也不能超越这样的规律。换言之，“领袖要想号令天下，也唯有反求诸天下的‘授权’才成，这时群众才真正成了前台的主角”②。简言之，领袖政治哲学思想存在与实现的最深基础在于群众，在于群众对这一思想的理解、认同乃至信仰，在于群众对这一思想的认可、支持乃至践行。

群众是鲜活的、感性的，甚至带有些许盲目与跟风。他们对于某种思想理论的热情需要外界的点燃和拨动，他们内心深处的价值理念可以被外界所影响和形塑。正因此，群众对于某种思想理论的认可与信仰除了根源于生活体验之外，还可以直接始于这种思想理论在传播过程中借用激情所释放出来的感染力。列宁思想之所以能够掌握群众，其中的奥妙在很大程度上也源自激情所释放的感染力。“与列宁主义主题有关的是，列宁这座生机勃勃的火山制造出来的滔滔不绝的雄辩所具有的感染力。这种超级雄辩，好像不是从真实的人的嘴里说出来，而是什么都不需要，从空气中产生，在空气中存在、生长……然后突然一下子成熟”，“顷刻间就让无产阶级的历史在当下复活：要反抗资本主义，要不断奋斗，打破奴隶的镣铐，铸就新的意识，见证新世界的来临”。③ 可以说，这种感染力极大地激发起了蕴藏在人民群众之中的巨大潜力。

感染力的释放需要“言辞”与“激情”的辅助。列宁思想的感染力在很大程度上也寄居于他的“言辞”以及“激情”之中。总的来看，列宁的语言貌似武断、过于肯定、铿锵有力、不容置疑。当然，这也是由其领袖身份和讲话对象决定的。既然是政治领袖，而不

① 陈先达：《马克思与信仰》，中国人民大学出版社 2018 年版，第 223 页。

② ［法］古斯塔夫·勒庞：《乌合之众：大众心理研究》，冯克利译，中央编译出版社 2004，序言第 2 页。

③ 张文喜、臧峰宇：《马克思主义政治哲学史》，中国人民大学出版社 2017 年版，第 309—310 页。

是理论学者，那他追求的讲话效果就不一定严谨准确，而是切实有效。对于普通群众而言，用什么样的语气讲什么样的话才能起到预期效果呢？列宁后期政治哲学给出的答案是：语气毫不犹豫、极其肯定；语言通俗易懂、极其简单；用词稍显夸张、极其形象。回到眼前，“我们在西方的政治哲学语境中已经待得太久了，这正在慢慢损耗着我们这个民族的元气”①。列宁后期政治哲学的这种载有激情的言辞方式对新时代中国特色政治哲学的话语塑造及其现实传播有着重要的方法论意义。

（三）从生效方式来说，政治哲学思想可借助于“伟人”，可问诊于“需要”

“言辞”与“激情”是政治哲学思想产生现实影响的重要方式，但是，这种现实影响的产生是有前提条件的，或者说，并不是任何人的“言辞”与“激情”都能在广大人民群众中产生现实影响。能够在广大人民群众中产生现实影响的“言辞”与“激情”的发起者当属一些杰出人物。杰出人物借用自己在人民群众中积累起来的威望与信任，从而能够较为成功地实现对人民群众的意识形态影响和现实行为引领。因此，杰出人物对某种思想理论的提倡与宣传能够大大加速这种思想理论在现实生活中落地、入心、变现的进度与程度。

这种杰出人物用普列汉诺夫的话来说也叫“伟大的人物”。什么样的人物可以被称为“伟大的人物”，其“伟大”之处又体现在哪里呢？对此，普列汉诺夫在其《论个人在历史上的作用问题》（1898年）一文中有过较为精彩的论述。他说，“一个伟大的人物之所以伟大，并不是因为他的个人特点使伟大的历史事变具有个别的外貌，而因为他所具备的特点，使他自己最能为当时在一般的和特殊的原因影

① 张文喜、臧峰宇：《马克思主义政治哲学史》，中国人民大学出版社2017年版，前言第3页。

响下所发生的伟大社会需要服务"①。也就是说，伟大的人物能够非同常人地为所处时代的社会需要服务，亦即为最广大人民群众的需要服务。什么样的个人特点能够使伟大人物非同常人地为社会需要服务呢？借用普列汉诺夫的话而言，就是"他的见识要比别人的远些，他的愿望要比别人的强烈些。他把先前的社会智慧发展进程所提出的科学任务拿来加以解决，他把先前的社会关系发展过程所造成的新的社会需要指明出来，他担负满足这些需要的发起责任"②；通过分析列宁后期政治哲学思想及其实践可知，他的意志要比别人更坚定一些，他的思想要比别人更符合实际一些。

就列宁后期政治哲学思想而言，其之所以能够借助"言辞"与"激情"发挥现实影响力，既得益于其革命历程中积累起来的群众威信，又得益于其思想符合当时那个时代的社会需要。时代是产生思想的沃土，也是检验思想的标尺。如黑格尔在《法哲学原理》中所言："一个时代的伟大人物是这样一种人，他能用言辞把他的时代的意志表达出来，他告诉他的时代什么是那时代的意志，而且能去完成它。他所做的是他的时代的精髓与核心，他使他的时代现实化了。"③ 由此观之，领袖型政治哲学家之所以形成、其政治哲学思想之所以能够发挥现实影响力的关键在于他为人民服务的愿望和意志更强，他体察和满足社会需要的能力更大，他顺应时代潮流、开创时代先河的态势更猛。这启发我们，杰出人物的引领示范效应是政治哲学思想落地的便捷有效之径，而抓取、顺应、满足所处时代、所处社会的人民群众需要则是政治哲学思想落地的内在机制和根本保障。

---

① 《普列汉诺夫哲学著作选集》第2卷，生活·读书·新知三联书店1984年版，第373页。

② 《普列汉诺夫哲学著作选集》第2卷，生活·读书·新知三联书店1984年版，第373页。

③ ［德］黑格尔：《法哲学原理》，范扬等译，商务印书馆1979年版，第334页。

二 开拓型政治哲学家的改革学启示

“改革”一词在列宁后期政治哲学中被视为标签式的存在。国内学者将其称为“系统改革”“全面改革”“社会主义建设史上的首次改革”“社会主义国家的第一次改革”等[①]，有的学者更是将之称为“改革之路的真正源头”“全面深化改革的源头活水”[②]。列宁的社会主义改革观及其实践也为中国特色社会主义新时代的全面深化改革提供了原则性指导和方法论启迪。

（一）社会主义改革需要坚守政治方向并服从政治要求

1920年前后，列宁对“什么是政治”这一问题进行了多次说明，描述了其“大政治观”。概括如下。第一，政治是经济建设，是人民的事。列宁批判资产阶级世界观中政治脱离经济的观念，提出“从事国家的经济建设，收获更多的粮食，开采更多的煤炭，解决更恰当地利用这些粮食和煤炭的问题，消除饥荒，这就是我们的政治”[③]。在列宁眼中，经济是政治的组成部分，而经济的内核在于人民群众的生活状态。这种经济方面的政治，在资产阶级世界观中只是资本家的事，而在苏俄“应该是人民的事，应该是无产阶级的事”[④]。简言之，列宁不仅认为政治包含经济建设，而且将经济建设的主体设定为广大群众。这些广大群众不仅包括掌握政权的无产阶级，而且包括占人口绝大多数的农民群众。第二，政治是阶级关系，是工农联盟。列宁批判“政治就是各阶级之间的斗争”的旧政治观念，认为秉承这种观

---

① 具体参见王东的《系统改革论——列宁遗嘱，苏联模式，中国道路》（吉林人民出版社2014年版），鞠立新的《论列宁晚期关于全面改革的思想与实践及其重要启示》（《毛泽东邓小平理论研究》2015年第6期），左亚文的《社会主义建设史上的首次改革——列宁新经济政策的实质及其意义再评》（《江西社会科学》2015年第9期），郑异凡的《列宁的一次改革尝试》（《同舟共进》2011年第5期）。

② 中国列宁思想研究会会长、北京大学王东教授分别在《改革之路的真正源头》（北京大学出版社1990年版）和《系统改革论——列宁遗嘱，苏联模式，中国道路》（吉林人民出版社2014年版）中提出这两个观点。

③ 《列宁专题文集·论社会主义》，人民出版社2009年版，第177页。

④ 《列宁专题文集·论社会主义》，人民出版社2009年版，第176页。

念就会在社会主义建设中犯严重错误，进而提出“政治就是阶级之间的关系——这一点决定着共和国的命运”的新政治观念，强调工农联盟的政治意义、主张巩固工农联盟。从“阶级斗争”到“工农联盟”，这是列宁政治观的重大改变，也是其政治视野的极大拓展。在这种“大政治观”指导下，列宁的社会主义改革遵从经济发展、依靠人民力量、指向阶级联盟。这启示我们社会主义改革不仅要坚持党的领导、坚持社会主义方向、坚持共产主义信念，而且要以经济建设来定位改革基调、以群众路线来促进改革实施、以社会效果来调整改革行为。

（二）社会主义改革需要维护劳动价值并保障劳动群众

列宁将整个解放事业的初衷与使命认定为“从资本桎梏下解放劳动”。如其所言，“只有由无产阶级领导，才能使广大小农摆脱资本的奴役，走向社会主义”①；在小农发生动摇时，“无产阶级肩负着一项极其艰巨而伟大的历史任务，这就是：不为这种动摇所左右，把从资本桎梏下解放劳动的事业进行到底”②。列宁的社会主义改革亦是遵从这一价值准则的，不同的是他对劳动有了更加广泛、更加开放的认识。其一，更加重视农业劳动的价值，强调采取措施提高农民积极性、增加农业产出量。这是1921年全国性饥荒与农民暴动所得出的宝贵经验，这使列宁重新审视了农业以及农业劳动在社会主义建设过程中的作用与价值。其二，更加注重脑力劳动的价值，主张“像爱护眼珠那样爱护一切勤恳工作、精通和热爱本行业务的专家”③。在这种劳动观指导下，列宁以劳动群众的需求为原动力、以劳动群众的情绪为风向标、以劳动群众的信任为助推器、以劳动群众的利益为落脚点，并且注重发挥工会、共青团等人民团体在维护劳动群众利益方面的积极作用，对危及劳动群众利益的相关政策进行了综合的配套改革。这启示我们，社会主义改革既要尊重体力劳动的价值又要推崇脑

① 《列宁专题文集·论社会主义》，人民出版社2009年版，第239页。

② 《列宁选集》第4卷，人民出版社2012年版，第543页。

③ 《列宁专题文集·论无产阶级政党》，人民出版社2009年版，第350页。

力劳动的价值，既要发挥“资本”的积极作用又要发挥“智本”的巨大潜力，既要开掘劳动群众的创造性又要保障劳动群众的舒适度。简言之，改革需要维护劳动的价值并保护劳动者的切身利益。

（三）社会主义改革需要重视资本力量并规范资本运作

列宁认清了“小商品生产”“私人资本主义”在社会经济结构中占优势地位的事实，看到了新经济政策条件下资本主义发展不可避免的趋势，得出了国家资本主义较之于当时经济更为进步、更为适宜的结论，因此，提出“应该利用资本主义（特别是要把它纳入国家资本主义的轨道）作为小生产和社会主义之间的中间环节，作为提高生产力的手段、途径、方法和方式”①，即利用资本主义尤其是国家资本主义发展社会主义的思想。列宁既认识到资本对于苏俄经济具有推动力，又认识到资本对于苏维埃制度具有威胁力，所以，除了注重发挥资本在苏俄经济发展中的推动力，还注重扼制资本在苏俄政治统治、社会发展中的破坏力。这启示我们，在全面深化改革过程中，不仅要注重资本价值增值的自然属性，发挥其服务社会主义经济的巨大潜力，而且要注重资本造福于人的社会属性，发挥其在改善人民生活、增加公共福祉、促进文化发展等方面的积极作用，规避其在运作过程中可能产生的贫富差距、社会不公、拜金主义、权钱交易等消极作用，从而在生产、分配、再投入等各个环节，保证资本及其运作的公平性、平等性、正义性，构建具有中国特色的共享性资本观。

（四）社会主义改革需要匹配现实基础并改进现实世界

战时共产主义政策的失败，将列宁从共产主义理想拉回苏俄社会现实，使列宁从追求共产主义纯粹性转变为追求苏俄社会进步性。由此，列宁开始了以理想为指导、以现实为基础的社会主义改革，调整了实现共产主义的策略和步骤。具体而言，一方面，列宁回到了“人的现实”，即在经济落后、连年征战的俄国，工农兵群众已经呈现出普遍的贫困、疲累与不满；另一方面，列宁回到了“物的现实”，即

① 《列宁专题文集·论资本主义》，人民出版社2009年版，第296页。

苏俄经济社会文化条件十分落后。人的现实与物的现实的双重回归使列宁认识到，生产资料容易剥夺但心理状态和心理习惯难以改变，经济制度容易转变但经济基础与经济根系难以改造，即现实基础是社会主义改革过程中不可忽视的匹配因素。因此，建议采取迂回过渡的方式、实行某些方面的“退却”，这使得苏俄政治、经济、社会、文化等各个方面都大有改观。这启示我们，社会主义改革需要匹配现实基础：不但要匹配人的现实，重视人的物质利益与精神需求，而且要匹配物的现实，贴近社会发展的固有前提与经济发展的客观规律。与此同时，社会主义改革不能理想主义、不能急躁冒进，而要贴地行走、循序渐进，以长足进步为要旨，不以一举成功为目标。

三　实干型政治哲学家的方法论启示

列宁是一个不折不扣的实干型政治哲学家，“没有人像他那样全天候二十四小时都在忙着搞革命，他的脑中除了革命，其他什么都没有，他连睡觉时梦见的都是革命”①。可以说，俄苏的社会主义道路是在“实干”中开辟出来的，列宁后期政治哲学思想也是在“实干”中涌现出来的。“实干”既出实绩又出真知，其缘由之一在于掌握了正确的思维和行事的方法。就列宁后期而言，阶级分析法、时代分析法、现实辩证法尤为值得关注和学习。

（一）阶级分析法

阶级分析法并不是列宁的首创，而是列宁从马克思主义创始人那里继承发展而来的。但列宁后期的阶级分析法与马克思、恩格斯相比，具有其独特性。这种独特性主要体现在以下方面。

一是划分各阶级的依据和目的比较独特。这要追溯到列宁对“阶级”的定义上。1919 年 6 月，列宁在《伟大的创举》中为“阶级”下了一个相对完整且明确的定义，即“所谓阶级，就是这样一些大的

① ［美］埃德蒙·威尔逊：《到芬兰车站：历史写作及行动研究》，刘森尧译，广西师范大学出版社 2014 年版，第 341 页。

集团，这些集团在历史上一定的社会生产体系中所处的地位不同，同生产资料的关系（这种关系大部分是在法律上明文规定了的）不同，在社会劳动组织中所起的作用不同，因而取得归自己支配的那份社会财富的方式和多寡也不同。所谓阶级，就是这样一些集团，由于它们在一定社会经济结构中所处的地位不同，其中一个集团能够占有另一个集团的劳动”[①]。此处，列宁将经济因素视为阶级分化的根本依据，将劳动在生产中的地位、作用、收获作为阶级划分的重要参考因素，其中，与生产资料的关系被视为阶级划分的关键参考要素。例如：以土地占有为参考，可以划分为地主阶级和农民阶级；以资本占有为参考，可以划分为资产阶级和无产阶级；以劳动占有为参考，可以划分为剥削阶级和被剥削阶级。这是列宁后期阶级划分依据的独特性，其后期阶级划分的目的亦具有独特性。在社会主义革命年代，列宁进行阶级分析的目的是识别群体的政治倾向、凝聚进行革命的力量，以便通过阶级斗争达到建立无产阶级政权的目的。到了社会主义建设年代，列宁进行阶级分析的目的就变成了识别群体的生活诉求、团结进行建设的力量，以便通过阶级联盟达到建设社会主义的目的。

二是对待各阶级的原则与方法比较独特。在社会主义建设时期，列宁对待各阶级的原则是“经济联盟”。主要表现在：将资产阶级的专家剥离出来，加以利用；将农民阶级的潜力挖掘出来，加以联合。其中，列宁对待农民阶级的态度与方法尤值一提。马克思、恩格斯在《共产党宣言》中指出：以往历史时代的“社会完全划分为各个不同的等级”，“而且几乎在每一个阶级内部又有一些特殊的阶层”；资产阶级时代的社会则日益分裂为两大直接对立阶级，即资产阶级和无产阶级。[②] 在马克思、恩格斯那里，农民既不属于两大基本阶级又不直接构成革命力量。尽管他们也承认，在农民国度中无产阶级和农民的联盟对于革命胜利起着重要作用，但这是以农民对土地私有以及土地

① 《列宁专题文集·论社会主义》，人民出版社 2009 年版，第 145 页。
② 《马克思恩格斯文集》第 2 卷，人民出版社 2009 年版，第 31—32 页。

私有信念的抛弃为前提的。可以说，马克思并没有给予农民以足够关注，也没有留下关于农民问题的专题著述。恩格斯相对马克思而言，给予农民以更多关注。他在《法德农民问题》（1894 年 11 月）中，将西欧农民分为小农、中农和大农。其中，小农是最重要的农民，“提供了解开整个问题的关键”，因此应当成为革命争取的对象。[①] 由此可见，恩格斯在理论上提升了小农在无产阶级革命中的地位和作用，但他依然没有将农民视为革命的主要力量。列宁相对于马克思、恩格斯而言，给予农民以极大关注，或者说，现实生活迫使他不得不关注农民问题。在社会主义革命时期，列宁就注重建立工农之间的军事联盟，并将农民划分为贫农、中农、富农、地主四个阶层，制定了依靠贫农、中立中农、反对富农、剥夺地主的农村政策。到了社会主义建设时期，土地国有化的实施使中农成为人口中的大多数，为此，列宁着重调整了中农政策，即由中立中农转变为团结中农、满足中农。其目的在于通过满足农民的利益要求、改善农民的生活状况，从而建立起工农之间的经济联盟，进而巩固工农之间的政治联盟。或者说，将占人口大多数的农民引上社会主义道路，使其成为社会主义建设的主要力量。可以说，列宁后期赋予了农民以政治上和经济上的双重优先地位。

综上，列宁的阶级分析法主要包括阶级与阶层的成分结构划分、利益诉求分析、政治态度判断、政策方针制定等内容。在中国特色社会主义新时代，剥削阶级作为一个阶级早已被消灭，阶级之间的斗争亦不复存在，但不可否认的是，阶级阶层及其之间的区别和差距仍然存在。因此，阶级阶层分析仍然是新时代理解社会结构变迁、满足各个阶层需求、处理不同群体关系、整合多方建设力量、制定国家大政方针的重要方法，是实现国家管理精细化、社会管理针对化、群众管理有效化的重要途径。只是随着社会结构多元化、社会发展现代化，也要将资产、收入、知识、权力、地位等要素纳入阶级阶层划分要素

① 《马克思恩格斯文集》第 4 卷，人民出版社 2009 年版，第 512 页。

之中。总之，要注重根据时代任务的变化而不断调整阶级阶层划分的目的和依据，在流动与变化中掌握阶级阶层划分的方法、制定阶级阶层优化的政策。

（二）时代分析法

列宁非常重视时代问题。他从不同角度出发，对“时代”问题作过十分丰富的论断：从性质角度来看，有旧时代、新时代、过渡时代；从历史角度来看，有原始时代、文艺复兴时代、启蒙者时代、农奴制时代、奴隶制时代、（前）资本主义时代、帝国主义时代；从革命角度来看，有密谋时代、革命时代（资产阶级革命时代/民主革命时代、无产阶级革命时代）、和平时代；从经济角度来看，有商品经济以前的时代、旧石器时代、大机器工业时代、金融资本时代；从俄国角度来看，有沙皇时代、克伦斯基时代、无产阶级专政时代、国内战争时代；从哲学角度来看，有唯物主义时代；等等。尽管列宁对于“时代”问题的论断大多并非首创，但从使用“时代”这一词语的频率之高可知，他对“时代”问题是多么的重视，对“时代”问题的认识又是多么地宏大且细致。

列宁为何如此重视“时代”问题呢？从列宁自身的论述及其行动的迹象可知，他之所以如此重视时代问题，主要是因为以下几点。第一，对时代问题的认识与把握是认识世界形势与自身处境的一把钥匙。列宁曾在《致格·叶·季诺维也夫》（1916年8月）中指出，“时代是各式各样现象的总和”①。也就是说，对“时代”的概括与判断的实质是对当时世界各种现象的高度总结和准确凝练。因此，认识所处的时代是认识世界形势与自身处境的一把钥匙，这是时代问题的认识论意义。第二，对时代问题的认识与把握是制定国家政策与战略的前提。十月革命之后，列宁对时代的总体判断是“从帝国主义向社会主义过渡的时代”“帝国主义战争的时代”。在列宁看来，帝国主义是资本主义的垄断阶段，垄断是帝国主义最深厚的经济基础，垄断

---

① 《列宁全集》第47卷，人民出版社2017年版，第395页。

可以从一般垄断发展到国家垄断乃至国际垄断。基于这种对时代的认识与判断，列宁主张，在资本主义和社会主义长期并存的情况下，要利用资本主义的最新发展成果，利用资本主义国家之间的矛盾冲突，与资本主义国家之间建立和平的经济联系，从而为“社会主义共和国的生存创造条件”①。由此可见，对时代的认识与把握是列宁制定国家政策与战略的前提。第三，对时代问题的认识与把握是发展马克思主义时代观、推进马克思主义时代化的前提。列宁对时代问题的研究是始终坚持马克思主义的立场、观点与方法的，尤其是坚持辩证法和历史唯物主义。因此，他能够准确把握时代的变化，顺应时代的潮流，开创时代的先河。这不仅推动了马克思主义时代观的发展，而且推进了马克思主义的时代化。从这个意义上来说，对时代的认识与把握又是发展马克思主义时代观、推进马克思主义时代化的前提。

由此可见，列宁是承认时代、重视时代并且善于判断时代、顺应时代的。他能够在时代的前提下进行思索和行动，在思索与行动中开创新的时代。这启发我们，对时代问题的清醒认识和准确判断是认识世界形势、判断自身处境、制定正确战略、推进理论发展的前提基础和重要保障。在认识与把握时代问题的过程中，既要拥有国际视野，又要注重国内实际，关键在于从各种各样的现象中把握时代的主题、特征与变化，以顺应时代潮流、迎接时代挑战，在适应时代的基础上成为时代的弄潮儿和开创者。

（三）现实辩证法

辩证法存在诸多形态，例如：朴素辩证法、自然辩证法、思想辩证法、唯物辩证法、历史辩证法、实践辩证法等。可以说，“辩证法”受到诸多政治哲学家的重视与偏爱。列宁也相当重视辩证法，他将“辩证方法”视为“马克思主义的第二个基石”②，将“革命辩证

① 《列宁专题文集·论社会主义》，人民出版社 2009 年版，第 387 页。

② 《列宁专题文集·论辩证唯物主义和历史唯物主义》，人民出版社 2009 年版，第 203 页。

法”视为“马克思主义中有决定意义的东西”①。列宁的思想与事业本身也是“辩证法”的真实写照。“革命辩证法”虽具独特意义和现代启示，但不足以概括列宁后期政治哲学思想中的辩证思想，在此，不妨将列宁后期政治哲学思想中存在的辩证法思想概括为“现实辩证法”。正如列宁所言，“辩证法是活生生的、多方面的认识，其中包含着无数的各式各样观察现实、接近现实的成分”②。总之，在列宁那里，“辩证法”不再仅仅是一种理论形态，也不仅仅是一种逻辑推演，而且是从千变万化、多种多样的现实中生发出来的，是对现实生活的反映与描绘，也是对现实生活的应对与改善。这种“现实”，不仅包括自然界的现实，更包括人的现实、国家的现实、社会的现实、民族的现实等，是客观存在的一切的综合。

列宁本人并未用过“现实辩证法”一词。那么，我们该如何概括这种“现实辩证法”？“现实辩证法”又主要包含哪些内容呢？综观列宁后期政治哲学思想，可将“现实辩证法”概括为前后相继、不可分割的四大部分：一是认识现实中存在的一切方面。如列宁在《在莫斯科省第七次党代表会议上关于新经济政策的报告》（1921 年 10 月）中所言：“要真正地认识事物，就必须把握住、研究清楚它的一切方面、一切联系和‘中介’。”③ 现实中的事物是复杂多变的，“现实辩证法”要求在全局中、变化中、联系中认识事物的一切方面，避免孤立地、片面地、静止地看待事物。这是后续思维和行动的基石。二是根据当时环境中所具有的条件。列宁在《再论工会、目前局势及托洛茨基同志和布哈林同志的错误》（1921 年 1 月）中指出：“唯一的出路在于我们要学会，要适应环境，要能恰当地解决也就是根据当前的条件来解

---

① 《列宁专题文集·论辩证唯物主义和历史唯物主义》，人民出版社 2009 年版，第 343 页。

② 《列宁专题文集·论辩证唯物主义和历史唯物主义》，人民出版社 2009 年版，第 151 页。

③ 《列宁专题文集·论辩证唯物主义和历史唯物主义》，人民出版社 2009 年版，第 314 页。

决这些问题。”[①] 任何事物都有其客观前提和现实基础，“现实辩证法”要求在事物固有的客观基础与现实前提之上寻求问题的解决之道、事物的发展之道。简言之，从现有条件出发，而不是从理想目标出发。这是采取行动的基础。三是对具体情况作具体分析。列宁在《共产主义》（1920 年 6 月）中指出：“马克思主义的精髓，马克思主义的活的灵魂：对具体情况作具体分析。”[②] 何为“具体情况”，又怎样“具体分析”呢？其中的关键在于“灵活机动”。列宁将“灵活机动”视为“革命所必需的另一种艺术”，指出要“善于根据客观条件的变化而迅速急剧地改变自己的策略，如果原先的道路在当前这个时期证明不合适，走不通，就选择另一条道路来达到我们的目的”[③]。四是实现逆境勃生。这是列宁“现实辩证法”的宗旨所在：在当时所处的情境下，利用手中所拥有的东西，创造性地尝试一切可能的方法，实现逆境中的重生与勃兴。例如：在军队瓦解的情况下，为了武装保卫社会主义共和国，“试验了又试验……试图建立一支志愿军……摸索、寻求、尝试，看用什么方法才能在当时情况下完成这个任务”[④]，最后创造性地提出并成功地组建了红军。“逆境勃生”是列宁“现实辩证法”所开出的美丽之花，也是列宁“现实辩证法”的魅力所在。

综上可见，列宁后期政治哲学思想中的“现实辩证法”是一种集思想性、革命性、创新性与实践性于一体的综合性辩证法，其独特之处在于可以产生明显的现实效用，或者说，可以在较大幅度上起到“改变世界”的效果。这种现实效用是思想的力量、行动的力量、意志的力量乃至创新的力量协同作用的结果。这启示我们，在新时代中国特色社会主义建设过程中，要善于认识现实存在的一切方面，从现时存在的条件出发，对具体情况进行具体分析，以便在当下处境中找到最有利于自身发展的因素，从而实现逆境勃生、华丽转身。

---

① 《列宁全集》第 42 卷，人民出版社 2017 年版，第 249 页。
② 《列宁专题文集·论马克思主义》，人民出版社 2009 年版，第 293 页。
③ 《列宁专题文集·论社会主义》，人民出版社 2009 年版，第 247 页。
④ 《列宁全集》第 36 卷，人民出版社 2017 年版，第 125 页。

结　语

“解释世界”与“改变世界”不可分割，但有所区别。“当我们只是解释世界的时候，所有的‘不是’都可以轻而易举地从体系中拿掉；但当我们改造世界的时候，任何一个哪怕最微不足道的‘不是’我们也回避不了。”[①] 马克思、恩格斯虽然提供了“改变世界”的整体思路、基本原则与理想目标，但未能在现实生活中真正完成“改变世界”的历史任务。列宁沿着这条思路，遵循这些原则，结合俄国现实与时代特征，开辟了实现理想目标的权力空间与社会土壤，真正完成了政治哲学的实践转向，也因此真正开启了改变世界的历史征程。如果说，马克思实现了哲学的实践转向，那么，列宁实现的则是哲学研究的政治实践转向。

对此，如何评价呢？总的来说，“列宁是一名拓荒者，他要铲除这块土地上的杂树杂草，耕耘种植、筑巢修路，建设新的家园。且不说拓荒者创业之艰辛，殊不知，他在开荒锄地的同时，也会铲除夹杂其间的名花异草、百年古树，使常年栖息在这里的飞禽走兽遭受伤害。因此，拓荒者往往功过相伴、善恶交融”[②]。的确，综观列宁的一生，他怀揣共产主义理想、马克思主义理论，一路披荆斩棘、过关斩将，不仅战胜了同行，而且创造了历史。生命后期的列宁更是将共产主义理想付诸实践、将社会主义追求融入生活，为人类开辟了全新

---

① 徐长福：《是、应该与做——对解释世界、规范世界与改变世界诸问题的形上离析》，《哲学动态》2001 年第 10 期。

② 周尚文：《列宁政治遗产十论》，上海人民出版社 2018 年版，第 21 页。

的政治模式、社会样态和生活图景，为后世留下了丰厚的思想资源、实践经验和价值遵循。对于这样一个扭转俄国乾坤、改变世界图景、影响历史进程的伟大人物，无论是否赞成其后期政治哲学思想，都无法忽略和抹掉其后期政治哲学思想所产生的现实效用与历史功绩。从这个意义上来说，“列宁不是文人式的英雄，而是哲学与剑结盟式的英雄”①；不是书斋型、学术型的政治哲学家，而是领袖型、实践型的政治哲学家。

此外，列宁可以称得上共产党政治哲学在实践中的开创者，而中国共产党正是沿着列宁所开辟的建党道路向前走去、走到现在的。因此，研究列宁后期政治哲学思想便是在研究我们党和国家政治哲学思想的源头。从这个意义上来说，读懂了列宁后期政治哲学思想便从源头上读懂了我们自己，读懂了我们蹒跚前行、走向复兴的百年奋斗史。继往是为了开来，作为新一代的马克思主义者，我们有责任也有义务扛起列宁所树立的“社会主义建设”大旗，在实践中续写、在理论上开新，在实践与理论的往复中，在国家与时代的呼唤中，担当起哲学研究者、理论工作者的历史使命，让新时代照耀我们的人生路，让我们荣耀新时代的中国梦！

---

① 张文喜、臧峰宇：《马克思主义政治哲学史》，中国人民大学出版社 2017 年版，第 329 页。

参考文献

一 专著

[1]《马克思恩格斯文集》第1卷，人民出版社2009年版。
[2]《马克思恩格斯文集》第2卷，人民出版社2009年版。
[3]《马克思恩格斯文集》第3卷，人民出版社2009年版。
[4]《马克思恩格斯文集》第4卷，人民出版社2009年版。
[5]《马克思恩格斯文集》第9卷，人民出版社2009年版。
[6]《马克思恩格斯文集》第10卷，人民出版社2009年版。
[7]《马克思恩格斯全集》第1卷，人民出版社1995年版。
[8]《马克思恩格斯全集》第29卷，人民出版社1972年版。
[9]《马克思恩格斯全集》第47卷，人民出版社2004年版。
[10]《列宁选集》第1—4卷，人民出版社2012年版。
[11]《列宁专题文集·论马克思主义》，人民出版社2009年版。
[12]《列宁专题文集·论社会主义》，人民出版社2009年版。
[13]《列宁专题文集·论无产阶级政党》，人民出版社2009年版。
[14]《列宁专题文集·论辩证唯物主义和历史唯物主义》，人民出版社2009年版。
[15]《列宁全集》第24卷，人民出版社2017年版。
[16]《列宁全集》第27卷，人民出版社2017年版。
[17]《列宁全集》第33卷，人民出版社2017年版。
[18]《列宁全集》第36卷，人民出版社2017年版。
[19]《列宁全集》第45卷，人民出版社2017年版。

［20］《列宁全集》第47卷，人民出版社2017年版。
［21］《列宁全集》第50卷，人民出版社2017年版。
［22］《毛泽东选集》第4卷，人民出版社1991年版。
［23］《邓小平文选》第3卷，人民出版社1993年版。
［24］《柏拉图全集》第2卷，王晓朝译，人民出版社2003年版。
［25］《普列汉诺夫哲学著作选集》（第2卷），生活·读书·新知三联书店1984年版。
［26］安启念：《苏联哲学70年》，重庆出版社1990年版。
［27］包亚明主编：《后现代性与地理学的政治》，上海教育出版社2001年版。
［28］陈先达：《马克思与信仰》，中国人民大学出版社2018年版。
［29］段忠桥主编：《政治哲学论丛》，中国社会科学出版社2018年版。
［30］干春松主编：《中国政治哲学史》（第3卷），中国人民大学出版社2017年版。
［31］韩冬雪：《马克思主义政治哲学诸范畴初探（政治学卷）》，吉林出版集团有限责任公司2007年版。
［32］韩水法：《政治哲学（北大哲学教材系列）》，北京大学出版社2004年版。
［33］韩毓海：《马克思的事业——从布鲁塞尔到北京》，中国人民大学出版社2012年版。
［34］何建华：《俄苏马克思主义哲学形态研究》，黑龙江人民出版社2013年版。
［35］何萍：《在社会主义入口处：重读列宁〈国家与革命〉》，人民出版社2013年版。
［36］侯才、牟宗艳、李海星等编选：《政治哲学经典：马克思主义卷》，人民出版社2008年版。
［37］黄楠森：《列宁传》，河南人民出版社1989年版。
［38］黄楠森、商英伟主编：《马克思主义哲学史　第4卷　马克思主义哲学在俄国的传播和发展》，北京出版社1994年版。

[39] 黄楠森等主编：《马克思主义哲学史　第5卷　马克思主义哲学在苏联的传播和发展》，北京出版社2005年版。

[40] 黄楠森等主编：《马克思主义哲学史　第6卷　马克思主义哲学在中国的传播和发展　上》，北京出版社1989年版。

[41] 黄楠森等主编：《马克思主义哲学史　第7卷　马克思主义哲学在中国的传播和发展　下　修订版》，北京出版社1996年版。

[42] 季正矩编著：《列宁传》，人民日报出版社2009年版。

[43] 姜涌编著：《哲学与政治：当代中国政治哲学研究》，山东大学出版社2007年版。

[44] 金冲及：《生死关头：中国共产党的道路抉择》，生活·读书·新知三联书店2016年版。

[45] 金观涛、刘青峰：《观念史研究——中国现代重要政治术语的形成》，法律出版社2009年版。

[46] 李崇富：《谈谈列宁主义》，社会科学文献出版社2018年版。

[47] 李文峰：《早期西方马克思主义对列宁政治哲学的思考——以阶级意识为视角的探讨》，中国社会科学出版社2014年版。

[48] 聂锦芳：《到马克思的故乡去》，广东教育出版社2017年版。

[49] 欧阳英等：《马克思政治哲学思想探析历史、变迁与价值》，中国社会科学出版社2018年版。

[50] 彭宏伟、崔爽：《“革命”的非模式化解读——1848—1852年马克思恩格斯政治文献研究》，中国人民大学出版社2017年版。

[51] 沈志华主编：《一个大国的崛起与崩溃》，社会科学文献出版社2009年版。

[52] 谭安奎：《政治哲学问题与争论》，中央编译出版社2014年版。

[53] 万俊人主编：《政治哲学的视野》，郑州大学出版社2008年版。

[54] 王东：《改革之路的真正源头》，北京大学出版社1990年版。

[55] 王东：《系统改革论——列宁遗嘱，苏联模式，中国道路》，吉林人民出版社2014年版。

[56] 魏小萍、张云飞：《马克思传》，当代世界出版社1998年版。

［57］叶卫平：《西方“列宁学”研究》，中国人民大学出版社 2006 年版。

［58］余玮、吴志菲：《邓小平的最后二十年》，新华出版社 2013 年版。

［59］俞敏：《苏俄非常时期列宁的常态性思想》，人民出版社 2016 年版。

［60］臧峰宇：《马克思政治哲学引论——以人学为视角的当代解读》，中央编译出版社 2009 年版。

［61］张光明、罗传芳著：《马克思传》，天地出版社 2018 年版。

［62］张建华：《俄国史》，人民出版社 2014 年版。

［63］张建华：《激荡百年的俄罗斯——20 世纪俄国史读本》，人民出版社 2010 年版。

［64］张文喜、臧峰宇：《马克思主义政治哲学史》，中国人民大学出版社 2017 年版。

［65］张一兵：《回到列宁：关于“哲学笔记”的一种后文本学解读》，江苏人民出版社 2008 年版。

［66］张志伟、韩东晖、干春松主编：《政治哲学史》，中国人民大学出版社 2017 年版。

［67］赵剑英、陈晏清主编：《马克思主义政治哲学阐释与创新》，社会科学文献出版社 2007 年版。

［68］赵汀阳：《坏世界研究——作为第一哲学的政治哲学》，中国人民大学出版社 2009 年版。

［69］中共中央党史研究室：《中国共产党的九十年：社会主义革命和建设时期》，中共党史出版社；党建读物出版社 2016 年版。

［70］周尚文：《列宁政治遗产十论》，上海人民出版社 2018 年版。

［71］庄福龄主编：《中国马克思主义哲学传播史》，中国人民大学出版社 1988 年版。

［72］［澳］伊恩·卡明斯：《马克思恩格斯与民族运动》，柯明译，湖北人民出版社 1983 年版。

[73] [比] 欧内斯特·曼德尔：《革命的马克思主义与20世纪社会现实》，颜岩译，中国人民大学出版社2013年版。

[74] [德] 黑格尔：《法哲学原理》，范扬、张企泰译，商务印书馆1979年版。

[75] [俄] 普列汉诺夫：《论个人在历史上的作用问题》，王荫庭译，商务印书馆2011年版。

[76] [法] 高宣扬：《当代政治哲学》，人民出版社2010年版。

[77] [法] 古斯塔夫·勒庞：《乌合之众：大众心理研究》，冯克利译，中央编译出版社2004年版。

[78] [法] 卢梭：《社会契约论》，李平沤译，商务印书馆2011年版。

[79] [法] 皮埃尔·勒鲁：《论平等》，王允道译，商务印书馆1988年版。

[80] [古希腊] 柏拉图：《理想国》，郭斌和、张竹明译，商务印书馆1986年版。

[81] [古希腊] 亚里士多德：《政治学》，颜一、秦典华译，中国人民大学出版社2003年版。

[82] [加] 威尔·金里卡：《当代政治哲学》，刘莘译，生活·读书·新知三联书店2004年版。

[83] [美] 阿林·弗莫雷斯科：《妥协：政治与哲学的历史》，上海社会科学院出版社2016年版。

[84] [美] 埃德蒙·威尔逊：《到芬兰车站：历史之写作及行动研究》，刘森尧译，广西师范大学出版社2014年版。

[85] [美] 安德森：《列宁、黑格尔和西方马克思主义：一种批判性研究》，南京大学出版社2012年版。

[86] [美] 戴维·米勒：《政治哲学与幸福根基》，李里峰译，译林出版社2008年版。

[87] [美] 杜威：《杜威五大讲演》，胡适译，安徽教育出版社2005年版。

[88]［美］傅高义：《邓小平时代》，冯克利译，生活·读书·新知三联书店 2013 年版。
[89]［美］列奥·施特劳斯、［美］约瑟夫·克罗波西主编：《政治哲学史》，李洪润等译，法律出版社 2009 年版。
[90]［美］罗尔斯：《政治哲学史讲义》，杨通进等译，中国社会科学出版社 2011 年版。
[91]［美］罗斯·特里尔：《毛泽东传》，何宇光、刘加英译，中国人民大学出版社 2017 年版。
[92]［美］乔治·萨拜因著，［美］托马斯·索尔森修订：《政治学说史》，邓正来译，上海人民出版社 2015 年版。
[93]［美］施特劳斯：《什么是政治哲学》，李世祥等译，华夏出版社 2014 年版。
[94]［美］约翰·布莱恩·斯塔尔：《毛泽东的政治哲学　插图本》，曹志为、王晴波译，中国人民大学出版社 2006 年版。
[95]［苏］凯尔任采夫：《列宁传》，生活·读书·新知三联书店 2014 年版。
[96]［意］马基雅维里：《君主论》，潘汉典译，商务印书馆 1985 年版。
[97]［英］埃里克·霍布斯鲍姆：《如何改变世界：马克思和马克思主义的传奇》，吕增奎译，中央编译出版社 2014 年版。
[98]［英］安德鲁·海伍德：《政治学核心概念》，吴勇译，天津人民出版社 2008 年版。
[99]［英］霍布斯：《利维坦》，黎思复、黎廷弼译，商务印书馆 1985 年版。
[100]［英］洛克：《政府论》（下篇），叶启芳、瞿菊农译，商务印书馆 1964 年版。
[101]［英］尼尔·哈丁：《列宁主义》，张传平译，南京大学出版社 2014 年版。
[102]［英］亚当·斯威夫特：《政治哲学导论》，萧韶译，江苏人民

出版社 2006 年版。

[103] [英] 约翰·格雷:《自由主义的两张面孔》,顾爱彬、李瑞华译,江苏人民出版社 2002 年版。

[104] Chester C. Maxey, *Political Philosophy*, New York: The Macmillan Company, 1938.

[105] Robert Nozick, *Anarchy State and Utopia*, New York: Basic Books, Inc, 1974.

[106] Neil Harding, *Lenin's Political Thought*, Vol. 1, St. Martin' s Press, 1977.

[107] Neil Harding, *Lenin's Political Thought*, Vol. 2, Macmilian Press, 1983.

[108] Sebastian Budgen, Stathis Kouvelakis and Slavoj Zizek, eds. *Lenin Reloaded: Towards a Politics of Truth*, Durham: Duke University Press, 2007.

[109] Goodin. Robert, *Companion to Contemporary Political Philosophy*, Wiley-Blackwell, 2012.

[110] Slavoj Zizek, *Repeating Lenin*, Arkzin , 2002.

[111] Slavoj Zizek, *Lenin 2017: Remembering, Repeating and Working Through*, Verso, 2017.

二 期刊论文

[1] 白刚:《马克思的政治哲学转向》,《南京社会科学》2011 年第 7 期。

[2] 包大为:《列宁的政治哲学:在理论与策略之间——一个历史的辩护》,《学习与探索》2014 年第 10 期。

[3] 鲍金:《"解释世界"与"改变世界":马克思对"解释哲学"的批判及其超越》,《上海交通大学学报》(哲学社会科学版) 2017 年第 6 期。

[4] 陈亚丽:《我国马克思主义政治哲学研究现状、热点及趋势》,

《毛泽东邓小平理论研究》2016 年第 11 期。
[5] 邓剑伟：《我国马克思主义政治学研究现状、热点及趋势》，《上海行政学院学报》2011 年第 4 期。
[6] 丁世俊：《“生活之树是长青的”——读新版〈列宁选集〉随想》，《马克思主义与现实》1996 年第 1 期。
[7] 丁世俊：《向社会主义过渡的最初步骤——介绍〈列宁全集〉中文第二版第 33 卷》，《教学与研究》1986 年第 5 期。
[8] 冯建中：《关于共产主义者同盟性质的再思考》，《青海社会科学》1993 年第 5 期。
[9] 顾玉兰：《科学认识列宁主义及其当代价值——兼析质疑列宁主义当代价值的种种观点》，《马克思主义研究》2011 年第 6 期。
[10] 韩爱叶：《重述列宁：真理抑或政治——兼论齐泽克对当代西方左翼政治理论的批判》，《马克思主义与现实》2014 年第 1 期。
[11] 韩水法：《什么是政治哲学》，《中共中央党校学报》2009 年第 1 期。
[12] 韩水法：《政治哲学在中国》，《读书》2000 年第 9 期。
[13] 韩旭：《全面推进马克思主义政治学理论研究和建设工程——中国政治学会 2004 年年会述评》，《政治学研究》2004 年第 4 期。
[14] 何海涛、谢然：《批判的逻辑与方略：〈论战斗唯物主义的意义〉理论价值新论》，《中南民族大学学报》（人文社会科学版）2017 年第 4 期。
[15] 侯才：《从政治哲学的双重维度透视马克思的政治哲学》，《河北学刊》2006 年第 5 期。
[16] J. N. 迪康热、赵超：《列宁著作在法国的传播》，《马克思主义与现实》2014 年第 5 期。
[17] 靳书君：《俄国史上关于列宁新经济政策的三次论争——兼论中国特色社会主义政治经济学的理论源头》，《兰州学刊》2016 年第 9 期。
[18] 靳书君：《列宁新经济政策思想中国化的历史轨迹及当代发

展》，《理论学刊》2017 年第 2 期。
[19] 鞠立新：《论列宁晚期关于全面改革的思想与实践及其重要启示》，《毛泽东邓小平理论研究》2015 年第 6 期。
[20] 李佃来：《马克思在何种意义上开创了政治哲学的传统》，《江海学刊》2016 年第 6 期。
[21] 李海青：《超越规范性政治哲学——一种反思的视角》，《哲学动态》2010 年第 8 期。
[22] 李建华、周杰：《马克思“改变世界”思想论析》，《马克思主义与现实》2018 年第 4 期。
[23] 李述森：《恩格斯与列宁：晚年思想的比较与启示》，《东岳论丛》2015 年第 9 期。
[24] 列夫·达维多维奇·托洛茨基著，来庆立编译：《列宁如何研究马克思》，《当代世界与社会主义》2014 年第 3 期。
[25] 莫雷：《唯物史观与政治哲学——第七届“马克思主义哲学创新论坛”综述》，《哲学研究》2010 年第 7 期。
[26] 孙麾：《马克思主义政治哲学：阐释与创新——第六届马克思哲学论坛概述》，《天津社会科学》2006 年第 6 期。
[27] 陶文昭：《列宁时代观的新视角》，《晋阳学刊》2012 年第 4 期。
[28] 王新生：《什么是政治哲学？》，《哲学研究》2014 年第 6 期。
[29] 王媛：《邓小平非公有制经济思想对列宁新经济政策思想的继承和发展》，《中国经贸导刊》2010 年第 20 期。
[30] 武潇斐：《列宁对城乡关系的重塑及其当代启示》，《理论视野》2018 年第 5 期。
[31] 夏莹、崔唯航：《改变世界的哲学现实观》，《中国社会科学》2014 年第 8 期。
[32] 徐长福：《是、应该与做——对解释世界、规范世界与改变世界诸问题的形上离析》，《哲学动态》2001 年第 10 期。
[33] 徐秦法、武潇斐：《政党信任的瓦解与重建——以布尔什维克执政初期为例》，《科学社会主义》2018 年第 6 期。

[34] 杨金海、高晓惠：《列宁著作在中国的百年传播》，《高校马克思主义理论研究》2016 年第 1 期。

[35] 叶卫平：《西方“列宁学”浅析》，《教学与研究》1987 年第 1 期。

[36] 俞良早：《从列宁到邓小平——东方国家社会主义建设理论的成长》，《当代世界社会主义问题》1997 年第 3 期。

[37] 俞良早：《发掘列宁思想遗产　促进中国特色实践——中国列宁思想研究会 2016 年年会暨学术研讨会综述》，《社会科学动态》2017 年第 2 期。

[38] 俞良早：《论列宁和俄共（布）发展先进文化的尝试》，《南京师大学报》（社会科学版）2003 年第 2 期。

[39] 元青：《杜威的中国之行及其影响》，《近代史研究》2001 年第 2 期。

[40] 袁恩桢：《从苏俄的新经济政策到中国的新发展理念》，《毛泽东邓小平理论研究》2017 年第 4 期。

[41] 曾银慧、孙厚权：《列宁主义早期传播与马克思主义中国化研究》，《马克思主义与现实》2017 年第 1 期。

[42] 曾银慧、田子渝：《列宁主义在中国早期传播之研究》，《晋阳学刊》2016 年第 1 期。

[43] 张传平：《当代西方“列宁学”研究的三大理论走向及其批判》，《南京社会科学》2016 年第 11 期。

[44] 张传平：《尼尔·哈丁与当代西方“列宁学”研究的理论转向》，《山东社会科学》2018 年第 7 期。

[45] 张春花：《列宁关于工会在社会主义国家管理中的作用理论》，《社会主义研究》2011 年第 6 期。

[46] 张晶：《马克思主义如何改变世界？——霍布斯鲍姆访谈》，《国外理论动态》2012 年第 1 期。

[47] 张文喜：《列宁主义：超越革命代数学和预言政治》，《理论探讨》2014 年第 5 期。

[48] 张文喜：《政治上的左翼思潮调查中的列宁》，《学习与探索》2014 年第 10 期。
[49] 张祥云：《论列宁关于多民族国家结构形式的理论》，《理论学刊》1999 年第 6 期。
[50] 赵景来：《当代政治哲学若干问题研究述略》，《马克思主义研究》2007 年第 5 期。
[51] 赵玲：《全国政治哲学第二届学术研讨会综述》，《政治学研究》2003 年第 1 期。
[52] 郑异凡：《列宁的一次改革尝试》，《同舟共进》2011 年第 5 期。
[53] 郑异凡：《农民的"布列斯特"——列宁是怎样对农民妥协让步的》，《科学社会主义》2010 年第 4 期。
[54] 左亚文：《社会主义建设史上的首次改革——列宁新经济政策的实质及其意义再评》，《江西社会科学》2015 年第 9 期。
[55] James D. White, "Socialism in Russia: Lenin and His Legacy, 1890 - 1991", *The English Historical Review*, 2003, 118 (476).
[56] Graeme Gill, "Lenin Lives: Or Does He? Symbols and the Transition from Socialism", *Europe-Asia Studies*, 2008, 60 (2).
[57] Francis King, "Revolution, Democracy, Socialism. Selected Writings. V. I. Lenin", *Critique*, 2011, 39 (4).
[58] James D. White, "Lenin and Philosophy: The Historical Context", *Europe-Asia Studies*, 2015, 67 (1).
[59] James Ryan, "A Centenary Perspective: Goodbyle Lenin?", *History Today*, 2018, 68 (6).

三 报纸文章

[1] 甘阳、刘小枫：《政治哲学的兴起》，《南方周末》2006 年 1 月 12 日。
[2] 姚大志：《什么是政治哲学》，《光明日报》2013 年 9 月 24 日。